KB151408

思 사고
치면
영어가
된다

생각을 고치면
생각, 뜻밖의 것

Dict
A-Z

어느 날 영어가 되기 시작했다

안혜숙
정동완
조은주
이승범
추광재

박영story

머리말

우리는 영어가 주는 다양한 공포 속에서 생활하고 있다.

아이를 영어 유치원에 보내야하는지 고민스럽다. 초등학교 첫 영어시간이 두렵고, 중학교의 어려운 영문법에 말문이 막히고, 수능 점수를 위한 고등학교 영어에 좌절하기도 한다.

이 뿐인가? 취업을 위한 토익, 유학을 위한 토플, 승진을 위한 영어, 여행을 위한 영어, 교양을 위한 영어 등등 영어로 인해 우리는 늘 부담스럽다.

아직 영어를 배우지도 않은 초등 3학년 첫 영어시간에 아이들은 이런 고백을 한다. '나는 원래 영어가 안 된다.' '영어를 못하니 그래도 이해하라'는 것이었다.

누가 이 아이들에게 두려움을 주었을까? 그것은 아이를 둘러싼 어른들일 것이다. 3학년이 되면 영어를 해야 하니 미리 영어학원에 가자, 알파벳이라도 공부해 두지 않으면 큰일난다, 다른 아이들이 너보다 훨씬 잘할거야 이렇게 자신의 힘겨웠던 영어공부를 투영하여 아이에게 영어에 대한 막연한 두려움을 느끼게 한다.

초등생만 그럴까? 우리 연구팀이 경험한 중고생, 대학생, 일반인에 이르기까지 영어에서 느끼는 패배감은 이미 충만하다 못해 터질 지경이다.

고등학교 1학년인 민석이는 요즘 영어만 생각하면 한숨이 푹푹 나온다. 영어시간은 그럭저럭 괜찮은데 모의고사 문제는 너무 어렵다. 지문은 얼마나 긴지 핵심문장을 찾기도 어렵고, 시간 안에 문제를 풀기란 더 어렵다. 영어지문을 빠르게 읽을 수만 있다면 그나마 나을 것 같으나 방법을 모르겠다.

영문과를 졸업한 영미씨는 괜찮은 중소기업에 입사했다. 처음 맡은 업무는 제품제작이었고 그럭저럭 다닐 만했다. 그런데 외국에서 주문이 밀려들면서부터 문제가 되었다. 모두 영어가 안되니 전화를 받아야 할 사람은 자연스럽게도 영미씨 업무로 돌아왔다. 영어 때문에 회사에 가는 게 곤욕스러워 결국 영미씨는 회사를 그만두었다. 바로 영어학원에 등록해서 아침 9시부터 5시까지 영어공부에 매진한지 두 달째. 부모님 걱정은 늘어가고, 영어는 늘지 않고 자신감은 점점 바닥으로 내려간다.

대학을 다니는 세찬군은 요즘 기분이 우울하다. 호주에 워킹 홀리데이를 1년 반이나 다녀왔는데, 원어민들이 하는 이야기를 다 알아듣지 못한다. 영어를 잘하고 싶어서 일부러 말도 걸어 보지만 시원하게 들리질 않으니 정말 한탄할 노릇이다.

과장 승진을 앞둔 박대리는 요즘 새벽마다 영어학원에 갔다가 출근한다. 승진시험에 영어가산점이 있기 때문이다. 그런데 아무리 들어도 이해가 잘 안되고 잠만 온다. 잠자기 전 복습과 예습을 해 보려고 끙끙거리나 이러다 승진시험에서 떨어질까 걱정이다.

영어라는 이슈는 우리나라 사람들에게 늘 존재하는 오르지 못할 나무와 같다. 누구나 영어를 잘하고 싶어서 이에 도전하지만, 성공하는 사례가 드물기 때문이다. 영어 공부에 실패한 사람들의 경험을 모아서 살펴보면 다음과 같은 공통점이 보인다.

첫째, 왜 해야 하는지 정확한 목표 없이 한다.

둘째, 재미가 없어도 무작정 참고 한다.

셋째, 꾸준히 조금씩 해야하는데 한 번에 왕창 하고 쉰다.

넷째, 너무 높은 목표를 잡아서 실패해 본 경험밖에 없다.

이렇게 해보고는 영어공부에 대한 결론을 내리는데, 즉 영어는 늘 어렵다, 한국인이라 영어가 안된다고 한다. 그러면서도 영어를 잘하고 싶은 열망에서 벗어나지 못한다.

이 책의 파트1에서는 우리가 영어 때문에 힘들어 하는 부분에 대해 하나하나, 조목조목 이해하기 쉽게 에세이로 풀어서 썼다. 영어를 잘하지 못하는 상황이 모두 개인의 잘못만이 아님을 설명하기도 하였다. 그리고 보다 효과적인 영어학습법인 청킹을 소개하여 독자들의 이해를 도우려 하였다.

파트2에서는 영어를 잘하기 위해 필요한 영어식 사고를 설명하였다. 앞서 말한 청킹이 영어식 사고랑 연결되면 그 시너지가 가히 폭발적이다. 실제로 사고(생각)을 바꾸면 영어가 되기 때문이다. 이 파트에서 영어의 관점, 시각의 차이, 문화의 차이를 서술하고 영어 본연의 특성도 알아보았다. 또 독자가 알기 쉽도록 기초문법 설명에 그림을 곁들였고 청크(의미단위)를 소개하였다.

파트 1, 2가 지나면 파트3은 드디어 영어가 되기 시작하는 단계이다. 청크에 대한 이론을 깊이 살펴보고 구체적으로 어떻게 호흡하며 끊어읽는지를 알려주었다. 그리고 꾸준히 재미있게 영어공부를 하기 위한 방법인 코칭을 연결시켰다. 영어학습 코칭법은 영어공부로 힘들어 하는 자녀들을 부모가 도울 수 있는 구체적이면서 활용이 가능한 방법이기도 하다.

파트 1, 2, 3을 지나 영어의 고수가 되려면 파트4에서 소개한 청크 수준별 자료를 가지고 공부하거나 앱을 다운받아 활용하면 좋다. 청크 수준별 자료는 워크북 형태이기 때문에 매일 조금씩 공부할 수 있어서 더욱 좋다. 청크앱은 초등생부터 성인까지 모두가 제대로 영어학습을 할 수 있는 구체적인 해결법이다.

이 책을 통해서 부디 영어 때문에 자괴감에 빠진 어른들과 이제 막 영어를 배우다 포기한 학생들이 영어공부에 대한 새 희망을 가지는 것이 청크영어를 연구하면서 집필한 저자들의 소망이다.

2018년 8월 저자일동

추천사

영어를 몇 년간 공부하다보면 무릎을 탁 치며 깨닫게 되는 몇 가지 중요한 사실들이 있다. '아! 이걸 조금 일찍 깨달았다면 더 빨리 실력이 늘 수 있었을 텐데'. 이 책에는 그런 깨달음들이 담겨있다. 그래서 영어공부라는 다소 지루한 여러분들의 여행길을 재미있고 흥미진진하게 해줄 뿐만 아니라, 목적지까지 빠르게 도달하도록 하는 노련한 길잡이 같은 역할을 해줄 것이다.

_____ 러너스마인드 부대표 전성훈

딱이다~ 영어를 하면서 느꼈던 우리나라 영어교육에 대한 아쉬운 점을 집어내고 있는 게 바로 이 책.

딱이다~ 영어를 잘하고 싶지만 왜 잘 되지 않았는지에 대해 이 책에서 속 시원하게 풀어냄

딱이다~ 에세이 형식이라 읽기도 쉬운 게 장점! 시작에선 영어식 사고로 준비 후, 의미단위인 청크를 이용해서 영어가 잘 될 수 있도록 코칭으로 완성.

영어를 잘 하고 싶은 분들은 이 책이 영어 사고치기 딱입니다.

_____ EBS 대표 영어강사 혼공쌤 허준석

영어를 전공한 뒤, 의사가 되면서, 학습자의 의지와 심리적 자극이 중요하다고 느꼈습니다. 영어 공부하면서 직접 느꼈던 어려운점들과 앞으로 영어를 어떻게 해야하는가에 대한 새로운 방법을 제시하여, 기존의 영어공부 방식으로 실패했던 분들에게 좋은 심리적 안내서, 영어 닥터가 될것 같습니다.

_____ 가정의학 전문의 황대연

이 책을 보고는

영어가 안 되어 고민하는 아이들에게 '영어를 못하는 게 너희 잘못만이 아니다'라는 말을 할 수 있어 행복했습니다. 어린 학생들도 술술 읽다보면 영어공부를 어떻게 해야할 지 방향을 잡을 수 있고, 좀 더 큰 영어학습자들에겐 주요 문법까지 이해할 수 있는 예시가 나와 있어서 좋습니다. 그리고 학부모님에게도 내 아이의 영어교육을 위해 할 수 있는 구체적 방법들이 있어 답답한 속을 시원하게 해주는 책이라고 생각합니다.

_____ ㈜TMD교육그룹 대표 고봉익

지금껏 영어가 되지 않았다면 이 책은 영어 공부의 최후의 방법을 알려줄 겁니다. 의미단위로 끊어진 청크단위로 영어를 배울 때 독해는 물론 영작까지 되는 방법입니다. 영어가 약한 학생들에게 추천하는 최고의 책입니다.

_____ 덕원여고 · 강남 인강 대표 영어강사 김상근

목 차

PART Ⅲ 영어가 되기 시작했다

당신이 아직까지
영어 기초 단계에
머무르는 이유

당신이 아직까지
영어 기초 단계에 머무르는 이유

I │ 새해 다짐: 영어, 다이어트, 운동의 공통점

다들 한 번쯤 '올해에는 영어공부를 열심히 할 거야', '운동을 해서 건강해져야지', '다이어트를 해서 옷을 멋지게 입어야지'하고 새해에 결심을 세워 봤을 것이다. 하지만 성공하는 이는 그리 많지 않다. 새해마다 다짐하는 이 세 가지를 우리는 왜 성공하지 못하는 것일까? 이들의 공통점은 첫째, 누구나 한 번쯤은 꿈꾸는 목표라는 것이고, 둘째, 그에 맞는 올바른 방식으로 꾸준히 하지 않으면 성공하기 어렵다는 것이다. 성공하기 위해 알려진 매력적인 방식은 무수히 많다. 그러나 각 사람에게 맞는 방법은 모두 다르다. 그 많은 방식이 있음에도 불구하고 실패하는 사람이 많은 이유는 사람마다 자기에게 맞는 방법을 찾지 못했기 때문이다.

운동을 하려면 체지방 검사, 근육량 검사, 몸의 약한 부분, 운동이 필요한 부위 등을 먼저 체크해야 한다. 그리고 그에 맞는 맞춤식 처방이 내려지면 훨씬 더 좋은 효과를 볼 수 있다. 다이어트도 비슷한 맥락의 방식이 요구된다. 그렇다면 우리가 영어공부를 잘하기 위해서는 무엇을 먼저 체크해야 하며 어떤 처방이 필요할까?

이 책에서 소개하는 것은 영어를 공부하는데 효과적이고 올바른 방식이다. 한국인에게 가장 필요하고 좋은 방법을 본 연구팀이 조사하고 실행해 본 결과 그 해답은 누구나 쉽게 적용할 수 있는 청크(의미단위 인식)에 있었다. 청크는 무엇이고 어떻게 활용해야 효율적인지 이 책에서 해답을 줄 것이다.

그리고 어떤 방식이든, 결국 남겨지는 숙제는 꾸준히 해야 한다는 것이다. 우리가 이 '꾸준히'라는 벽을 넘지 못한다면, 새해 다짐을 위한 모든 투자는 물거품이 되고 만다. 구매한 인강(인터넷 강의)은 어느새 만료일만을 기다리고 있다. 큰 꿈을 가지고 시작한 새벽 영어반은 첫 날만 참석하고 가질 않아 선생님 얼굴이 가물가물하고, 이제 나가려니 민망한 마음과 함께 소개했던 나의 영어 이름도 생각이 나질 않는다. 헬스장 정액권도 차라리 정지를 해 둘 것을, 벌써 기간이 만료되었다는 문자와 함께 버린 돈이 아깝고, 내 마음도 안타깝고, 늘 생각대로 안 되는 나 자신이 원망스럽다. 내년엔 꼭 해야지 하면서 지나온 시간이 이미 내 나이 만큼이다.

'꾸준히 해야 한다'라는 숙제를 해결하기 위해서 연구팀은 코칭이라는 방법을 통하여 다음의 두 가지에 먼저 집중하기로 한다. 그것은 "왜 해야 하는가"와 "재미없음"이라는 문제이다.

1 왜 해야 하는가? 꼭 해야 하나?

먼저 '영어공부가 꼭 필요한가?', 그리고 '왜 해야 하는가?' 이러한 문

> '꾸준히 해야 한다'라는 숙제를 해결하기 위해서 연구팀은 코칭이라는 방법을 통하여 다음의 두 가지에 먼저 집중하기로 한다.

제 즉, 영어공부의 목적에 대해 생각해보자. 영어공부를 왜 해야 할까?

영어공부를 안 하면 신분상의 불이익을 받거나, 얻을 수 있는 이익을 잃기 때문이다. 학생이라면 성적이나 학점을 잃게 되고, 취업준비생은 취업의 기회를, 승진을 준비하는 사람은 승진의 기회를, 유학을 준비하는 사람은 유학의 길에서 자신이 원하는 것을 얻지 못할 것이다. 그래서 이런 경우에는 더 열심히 하게 된다. 왜냐하면 하지 않으면 자기에게 닥칠 불이익이 눈에 뻔히 보이기 때문이다.

이런 이유를 영어공부, 다이어트, 운동에 적용해 보자. 반드시 해야 하는 분명한 목표와 그 목표를 도달했을 때 받을 보상을 구체화하여 의미를 부여하는 것이다. 단순히 '외국에 나가서 영어로 말하고 싶다', '영어를 평소에 잘하고 싶었다', '교양으로 영어를 잘 하면 더 좋지 않을까?' 이런 두리뭉실하고 포괄적인 꿈으로 시작하는 학습자가 100명이라면 100명 모두 실패하고 만다. 왜냐하면 꼭 해야 하는 절실한, 구체적인 목표 없이 뜬구름만 잡고 있기 때문이다. 그러니 늘 유혹에 지고 만다. 일상에 지쳐 '오늘 바쁘니 내일 하지'하는 마음이 스멀스멀 들어온다. 이것은 누구의 잘못인가? 절대 우리의 잘못이 아니다. 이러한 목표는 당연히 안 되는 것이다.

우리들 대부분은 '영어를 잘 해야지' 하는 마음, '살을 빼야지' 하는 마음, '운동을 해서 건강해야지' 하는 마음을 쉽게 먹는다. 하지만 늘 시작만 하고 있다. 꾸준히 해서 성공하기란 결코 쉽지 않다. '오늘은 힘드니까 쉬고 내일부터 해야지', '내일부터는 진짜 열심히 하자'면서 하루, 이틀 미루다 결국 다음 해의 새 다짐으로 넘어가거나 막연한 꿈으로 남겨지고 만다.

시도와 실행의 차이점을 아는가? 시도는 무언가를 하려고 마음먹는 것이다. 그렇지만 실제로 일어날 수도 있고 안 일어날 수도 있다. 실행은 그냥 하는 것이다. 그러니 많은 장애물이 있던지 처음 계획과 얼마나 달라지든지 간에 그 임무를 완수하게 된다. 무조건 시작하라. 실행을 꾸준히 해 나간다면 성공은 그리 멀지 않다. 시작이 반이라는 말과 같은 실천을 옮긴다면, 이미 시작된 것이다. 시도와 실행에 대한 차이를 다음 예를 통해 알아보자.

한 남자가 아내와 이른 저녁을 먹고 차를 몰아 집으로 돌아가고 있다고 하자. 신호등에 걸려 잠시 정차하던 중, 전부터 보고 싶었던 콘서트가 잠시 뒤, 예술회관에서 열린다는 것을 알았다. 그래서 남자는 콘서트를 보러 가자고 아내에게 제안한다. 아내는 사실 그렇게 보고 싶지는 않았지만 남편의 제안을 무시하기 싫어 그러자고 한다. 남자는 아내에게 주차하고 올 테니 먼저 내려서 표를 사달라고 부탁을 한다. 그런데 남자가 주차를 하고 오니 아내는 줄을 서고 있지 않았다. 왜냐하면 표가 매진되었다는 말을 입구에서 들었기 때문이다. 남자는 어떻게 할 것 같은가? 남자는 그 콘서트가 정말 보고 싶었다. 지체하지 않고 매표소에 찾아가 혹시 취소된 표가 없는지 물었고, 대기자 명단에 자기 이름을 올리도록 했다. 그리고는 취소된 표가 있으면 바로 연락해 달라고 몇 번이나 부탁한다. 또 콘서트 시작을 기다리는 사람들에게 다가가 혹시 표를 취소하고자 하는 사람이 없는지 물었다. 마침 같이 보려던 친구가 급하게 못 온다는 연락을 받아 환불을 하려는 사람을 만나 한 장을 얻는다. 그리고 매표소에서 취소된 표가 있다고 연락이 와서 바로 달려가 다른 한 장을 구한다. 마침내 부부는 콘서트를 관람했다.

영어공부를 하지 않으면 안 되는 이유를 만드는 것이 꾸준히 하게 하는 필수요건이다. 해야만 하는 이유를 만드는 지혜가 필요하다.

자, 여기서 누가 시도를 했고 누가 실행에 옮겼는가?

여자는 시도를 했다. 그러나 콘서트를 보고 싶은 마음이 간절하지 않았기 때문에 표가 매진되었다는 말을 입구에서 듣고는 줄을 서지 않았다. 그렇다면 실행에 옮긴 남자는 어떻게 하였는가? 취소된 표를 얻기 위해 적극적인 행동과 다양한 실행 방법을 찾았다. 그리고 마침내 표를 구해 콘서트를 보는 목적을 이루었다.

시도와 실행, 서로 비슷해 보이지만 이렇게 완전히 다르다. 콘서트를 보고 싶다는 강한 동기가 실행에 옮기는 원동력이 되었다는 것을 알 수 있다. 그러나 강한 동기가 있더라도 실행에 옮기지 않는다면 무용지물이다. 또 동기는 있지만 꾸준히 할 자신이 없는 사람에겐 코칭이 필요하다.

실행에는 강한 동기가 필요하다. 면접을 봐야 하거나, 오디션을 보거나, 사랑하는 사람이 생겨 잘 보이고 싶다면 다이어트를 자동적으로 하게 되고 대부분 성공한다. 꼭 해야 하는 동기가 생겼기 때문이다. 만약 병원에 갔는데 평소 나쁜 식생활 습관과 비만으로 건강상태가 매우 나빠져 꾸준한 운동이 필요하다고 한다면, 당신은 당장 운동을 시작하지 않겠는가? 당연히 운동을 하게 될 것이다. 왜냐하면 꼭 해야 하는 이유가 생겼기 때문이다.

마찬가지로 영어공부를 하지 않으면 안 되는 이유를 만드는 것이 꾸준히 하게 하는 필수요건이다. 해야만 하는 이유를 만드는 지혜가 필요하다. 어떤 목표가 좋을까?

학생이라면 입학에 영어 가산점이 있는 대학을 목표로 두거나 영어 관련 학과에 지원하는 것, 대학생이라면 해외 연수나 봉사활동을 신청하는 것도 좋은 방법이다. 취업준비생은 토익 점수 몇 점 이상의 회화 수준을 인정받아 입사하고 싶은 회사를 목표로 두면 좋다. 또는 창업을 통한 해외 사업을 목표로 세우는 것도 좋다.

승진을 준비하는 사람은 승진에 필요한 일정수준의 영어 실력을 얻어 승진하는 것을 목표로 하거나, 그렇지 못할 경우를 대비하는 것도 좋다. 혹시나 조기퇴직이나 권고사직 등에 대비하여 내 마음의 무게를 달아 묵묵히 공부하게 하는 전략을 실행하는 것이다.

혼자서 해내기 어려운 사람은 코칭을 통해 함께 간다면 좀 더 쉽게 멀리 갈 수 있다. 모 영어학원은 단기간에 영어 성적을 올리는 것으로 유명하여 그들이 어떻게 하는지 살펴보았다. 우선 학습 방법과 콘텐츠가 좋다. 다음으로 학원생들이 자발적으로 스터디 그룹을 운영한다. 여기서 우리가 주목해야 할 부분이 스터디 그룹 운영이다. 스터디 회원들은 먼저 회비를 조금씩 낸다. 그리고 모임에 불참하거나 과제 불이행시 벌금을 매겨 돈을 내도록 한다. 그 과제란 단어 암기 테스트, 독해 테스트, 회화 테스트를 서로 하는 것이다. 그 과제에서 탈락하거나, 지거나, 과제를 이행하지 않으면 그만한 벌금을 낸다. 실제로 해보면 돈 내기 싫어서, 지기 싫어서, 꼭 하게 되는 자신을 발견한다고 한다. 약간의 강제성을 주는 방법도 때로는 필요하다.

/ 약간의 강제성을 주는 방법도 때로는 필요하다.

2 재미있는가? 재미없으면 작심삼일

앞서서 영어공부를 해낼 수 있는 우선 조건이 영어공부를 해야만 하는 절실한 이유, 즉 강한 동기라는 것을 알았다. 그 동기를 가지고 꾸준히 할 수 있는 두 번째 조건은 무엇일까? 바로 '재미'를 가미하는 것이다. 재미가 없으면 끝까지 하기는 매우 어렵기 때문이다.

영어학습자라면 다음의 내용을 이미 들어보았을 것이다. 오성식의 굿모닝팝스, 정철의 영화 영어, 전화 영어, 미드 영어, 새벽 회화 반에서 낯선 이들과의 썸, 즉 본인이 재미있어하는 것을 찾아야 한다.

영어를 시작할 때 보통의 영어학습자들은 주변 사람이나 인터넷에 방법을 묻고 따라하는 경우가 아주 많다. 그렇게 해서 얻는 것도 많지만, 대부분은 실패한다. 왜냐하면 자신이 재미있어 하는 방법이 아닌 다른 사람의 경험을 그대로 따라한 것이기 때문이다. 물어본 방법은 그 사람이 그의 방식에 맞게 최적화된 것이지 영어달인으로 이끌어 줄 나의 재미가 되지 못한다. 다른 사람의 방법은 내 것이 아닌, 다른 사람의 성공 방법일 뿐이다.

영어학습법이라고 인터넷에서 검색하자. 정말 다양한 방법이 있을 것이다. 한 달 정도는 여러 방법으로 2−3일씩 해 보자. 그리고 찾아 보자. 나에게 어떤 방법이 가장 즐거웠는지를 정해 보는 것이다.

음악을 활용한 영어 즉 팝송이나 랩이 좋다면, 음악으로 몸을 들썩이며 영어 노래를 해 보자. 영화를 좋아한다면 영화를 보면서 자막을 보고, 그 자막을 보면서 따라 해 보고, 가리고 다시 해 보고, 반복해서 다시 보고 하면 신기할 정도로 영어 실력이 향상되어 있을 것이다. 조용히 책을 읽는 것을 좋아한다면, 영어 소설을 읽거나 오디오북을 이용해서 출퇴근길에 듣고 따라 말하는 것도 좋은 방법이다. 또 사람을 만나는 것을 좋아한다면 사람들을 모아서 회화 모임, 토익 모임을 만들거나 학원에 등록해도 좋다. 말하는 것을 좋아한다면, 말하기 대회나 영어로 발표할 기회를 만들고 집중적으로 준비하는 것도 좋다.

어떤 방식이든지 자신이 정말 즐거워하는 방식으로 하는 것이다. 그러면 그것은 공부가 아닌 휴식이 될 것이다. 저자는 공부하다가 힘들면 '프렌즈'라는 미드를 봤다. 그들의 농담과 재미있는 상황을 보면서 큰 위안을 얻었고, 웃으며 공부했다.

자, 나는 어떤 것을 좋아하는가?

/ 어떤 방식이든지 자신이 정말 즐거워하는 방식으로 하는 것이다. 그러면 그것은 공부가 아닌 휴식이 될 것이다.

3 꾸준히 제대로가 어렵다

앞에서 크게 두 가지로 '꾸준히'를 잡았다면, 이제 '제대로' 하는 것이 필요하다. 보통 사람들은 영어공부를 한다고 하면 무조건 단어를 많이 외우려고 한다. 무작정 공부를 시작한다. 좀 더 체계를 갖추고 싶으면 영문법을 공부하기도 한다. 하지만 늘 제자리걸음 뿐이고 그러다 점점 영어와는 사이가 멀어지게 된다.

운동을 할 때도 그렇다. TV나 SNS에 소개된 몸짱처럼 될 것이라 한껏 기대하며 코치의 조언 없이 마구 열심히 한다. 몸짱 스타들이 소개한 방법이나 유튜브에서 조회 수가 많은 인기 있는 방식을 무작정 따라한다. 그러다가 뼈나 인대가 나가기도 하고, 디스크가 오기도 한다. 호흡을 잘못해서 내부 장기에 문제가 생기기도 한다. 또 근육을 키우기 위해 벤치프레스를 운동 시작과 동시에 열심히 한다. 그러다가 근육통으로 일주일 쉬다 보면 다시 운동을 시작하는 것이 두려워지는 상태에 이른다.

어떤 목적이냐에 따라 다르겠지만, 일반적인 운동 방법은 이렇다.

영어공부도 마찬가지이다. 제대로 된 방법을 쓰지 않으면 실력 향상이 더디고 불균형한 상태가 될 수 있다.

청크를 이용한 학습법은 이미 여러 연구를 통해 충분히 검증이 된 영어학습법이다. 성공적인 영어 프랜차이즈로 알려진 GnB영어, 정철어학원 삼성영어가 이미 이 방식으로 학습자의 실력을 올리고 있다.

먼저 스트레칭을 하며 몸을 풀어준다. 유연성을 높일 준비를 하는 것이다. 그러다가 러닝머신이나 걷기, 계단 오르기 등의 유산소 운동을 하면서 몸에 땀을 내어 윤활유가 생기게 한다. 다음으로 목표한 부위를 중심으로 부담이 약간 있을 정도로 세부 운동을 한 세트씩 한다. 그리고 스트레칭을 하거나 조금 쉬었다가 다시 한 세트씩 총 3세트를 한다. 이후 다른 부위를 가볍게 한 세트씩 하면서 집중 부위를 쉬게 하였다가 다른 날, 다시 반복하는 것이다. 매일 세게 하는 게 아니라 하루에 조금씩, 근육이 당겨지게 하고, 하루나 이틀은 다른 부위를 하거나 쉬는 것이 좋다. 마지막으로 운동이 끝났다고 샤워하고 바로 마치기보다는 집중 운동이 끝난 후, 스트레칭을 통해 몸의 부담을 줄여주고 마무리를 하는 것이 좋다. 이 때 영양 공급도 중요하다. 단백질을 공급해서 운동으로 찢어진 근육을 재생시킬 영양을 보충해야 한다.

영어공부도 마찬가지이다. 제대로 된 방법을 쓰지 않으면 실력 향상이 더디고 불균형한 상태가 될 수 있다. 읽기는 되는데 원어민의 말이 전혀 들리지 않는다든지, 생활회화는 가능하나 제대로 된 영어 글쓰기가 안 되는 사람들이 부지기수다. 심지어 이도저도 마음처럼 안 되어 절망하고 영어와 나는 거리가 먼 관계라며 무조건 싫어하는 영어기피증을 보이는 경우도 있다. 그렇다면 어떻게 영어공부를 하는 것이 제대로 하는 것인가? 이 '제대로'에 대한 영어 전문가들의 다양한 의견이 있다. 이 책의 연구팀은 청크라는 의미단위를 기본으로 비트에 맞춰 끊어 읽는 방법을 다룰 것이다.

청크를 이용한 학습법은 이미 여러 연구를 통해 충분히 검증이 된 영어학습법이다. 성공적인 영어 프랜차이즈로 알려진 GnB영어, 정철어학원, 삼성영어가 이미 이 방식으로 학습자의 실력을 올리고 있다. 그런데 이들 프랜차이즈는 일반인이 볼 수 있는 오픈형 콘텐츠로 제작을 하지 않는다. 오직 가입한 회원에 한하여 멤버십으로만 그 내용을 제공한다. 그래서 사람들은 그 내용과 방법을 잘 모른다. 최근 광고로 많이 접하는 야나두 영어와 같은 웹·앱 기반 학습도 청크를 기본으로 하고 있다. 또 수능 강의에도 잘 나가는 영어강사들은 대부분 청크를 기반으로 독해를 한다. 문제의 핵심을 콕콕 찍어주며 학생들의 점수를 올리는 온라인 강의를 주로 한다.

인터넷에 공개된 사교육 학원별 핵심내용의 자료를 다음에 실었다. 정말 청크를 사용하는지 한 번 살펴보자.

💬 삼성영어

삼성출판사(대표 김진용)의 삼성영어는 '영어는 공부가 아니고 훈련이다'라는 기치 아래 새로운 형태의 초·중등 영어교육을 실현하고 있다. 실용영어능력 완성 프로그램인 '300만 문장 만들기'와 수능영어 1등급, 중등 내신과 서술형 대비 프로그램 'PREP31' 전 과정에서 과학적인 반복훈련을 진행한다.

삼성영어에 따르면 단어가 아닌 의미 있는 말의 뭉치인 청크(Chunk)를 바탕으로 영어 문장 구성 능력을 효과적으로 길러주는 청크학습법을 통해 상대적으로 짧은 시간 학습해도 자유로운 영어 구사가 가능하다. 청크는 영어 문장을 시작부, 핵심부, 수식부의 세 부분으로 나누고 각 부분의 중요 청크를 익혀 영어를 쉽게 배울 수 있도록 한다.

삼성영어의 모든 교재와 수업 프로그램은 자동 업다운(up-down) 방식의 레벨 테스트를 통해 이뤄진다. 학습자 수준에 맞는 일대일 맞춤 학습으로 진행된다. 이와 함께 주 5일 매 수업의 마무리를 스피킹 훈련 전문 프로그램 '5분 스피킹 연습'(5-minute Speaking Training)으로 실제 말하기 훈련을 실시하고 있다.

삼성영어는 매년 전국 초·중등생을 대상으로 청크인증시험 TOECA(Test of English based on Chunk Ability, 토이카)를 실시하고 있다. 토이카는 청크 활용능력에 기반한 영어실력 측정을 위해 삼성출판사와 삼성영어가 직접 개발한 영어 평가시험이다. 삼성영어 회원이라면 누구나 토이카를 통해 기초 어휘부터 고급 논술작문까지 영어의사소통 능력을 평가, 인증 받을 수 있다.

〈삼성영어사 홈페이지와, 2018 여성신문에서 발췌〉

 정철영어

정철어학원(www.jungchul.com)은 32년 역사를 자랑하는 우리나라 대표 언어교육전문기업으로 고유 콘텐츠인 영어 기본기 실력 향상 프로그램 '스피드 엔진(3개월 완성)'으로 유명하다. 정철은 영어 말하기 열풍이 불기 이전인 2000년대 초부터 영어 말하기를 위한 학습법 개발에 총력을 기울여 정철어학원만의 고유한 커리큘럼인 '스피드 엔진'을 선보였으며, 이 과정을 수강한 사람만도 3백만 명이 넘을 것으로 추산될 정도로 현재까지 큰 인기를 모으고 있다. '스피드 엔진'은 암기식의 학습법이 아닌 한국형 영어학습법에 기초하여 어순감각, 어휘감각, 문법감각, 소리감각을 눈과 귀와 입을 통해 자동화하고, 머릿속에 영어엔진을 만들어준다.

정철어학원의 강○원장은 "영어는 의사소통의 도구이지 암기의 대상이 아니라는 것, 영어의 기본 원리는 물이 높은 곳에서 낮은 곳으로 흐르듯이 궁금한 순서대로 흐른다는 것을 명심하고, 상황별로 유용하게 쓰이는 어휘덩어리인 청크(Chunk)를 익혀 자연스럽게 말하면 되는 것"이라며 "토익과 토플, 토익 스피킹 등의 시험영어도 기본기가 먼저 탄탄하게 완성되어야 고득점까지 가능한데 정철어학원의 모든 콘텐츠는 영어 기본기를 확실하게 완성시키는데다 실용영어로까지 더욱 강화시켜주는 가장 쉽고 강력한 과정"이라고 강조하며 커리큘럼에 대한 자신감을 나타냈다.

정철학원에서 강의를 했었던 강사가 설명한 내용을 보자. 정철 주니어의 핵심은 한국 어순을 철저히 배제하고 영어식 사고방식을 그대로 도입하는 직독직해에 있으며 이를 위해 Chunk(덩어리라는 의미단위)를 사용한다. "나는 어제 책을 빌리기 위해 도서관에 갔다." 이 문장을 한국 사람의 의미단위로 쪼개어보면 아래와 같은 Chunk가 생긴다.

나/ 어제/ 책을 빌리기 위해/ 도서관에/ 갔다(한국식 사고)
"나는 어제 책을 빌리기 위해 도서관에 갔다."

이 문장을 영어권 사람의 의미단위로 쪼개보면 아래와 같은 의미 단위가 생긴다.

나/ 갔다/ 도서관에/책을 빌리기 위해/ 어제(영어식 사고)

한국말과 영어의 가장 큰 차이점은 주어, 동사의 위치에 있으므로 이런 식으로 문법을 배제하면서 학습하게 되면, 어느 순간 의미 단위 배치능력(어순감각)이 생기게 되어 따로 문법에 얽매이면서 골머리를 썩일 필요가 없게 된다고 한다.

❖ 그렇다면 영어를 올바르게 공부하는 방법은 무엇일까요?

▪ 영어를 올바르게 공부하는 방법

❶ '영어는 {주어+동사}가 먼저 나온 후, 궁금한 순서대로 흐른다.'의 기본 원리를 제대로 익힌다.

- {주어+동사} 청크를 확실히 세우고, 나머지 5가지 청크를 배운 후에 궁금한 순서대로 흘러가는 영어의 흐름을 몸으로 느낀다.

❷ 자연적인 언어발달 단계를 차근차근 밟아간다.

- 처음부터 완벽할 수는 없다. 실수를 두려워하지 말고, 중간 단계의 영어(인터랭귀지)도 인정하여 천천히 발전시킨다.

❸ 의사소통을 통하여 배운 영어를 사용한다.

- 배운 영어를 의사소통의 수단으로 사용하여 영어학습을 완성한다.

– 정철의 〈리바이벌 잉글리쉬〉에서 발췌 –

GnB영어

GnB영어전문학원 · 지앤비영어전문교육(주)은 이 땅의 모든 사람들이 형식적인 영어교육에서 벗어나 일상생활에서 영어를 사용하지 않는 이 땅의 언어 환경에서도 영어가 될 수밖에 없는 실질적인 영어교육을 제공하고자 하는 교육자적 사명감으로 탄생한 영어전문교육회사이다.

사업 시작 전 15년간 일선 영어교육 현장에서 영어학습 방법을 개발하며 임상실험을 통해 완성된 GnB영어만의 특허 받은 [생각단위]와 [연결질문]에 의한 영어학습방법과 시스템은 특히 GnB영어전문학원의 학부모님들께서 매월 학습결과를 직접 확인하고 늘 놀라워하며 구전에 구전으로 전파되어 현재 대한민국 전역에서 30만여 명의 학생들이 스스로의 실력향상에 놀라워하며 영어에 대한 적극적인 자신감을 표현하고 있다. (김장수 대표 인사말)

① [생각단위]란?

아무리 많은 영어단어들을 익혀 놓았다 하더라도 이 단어들을 결합하여 말(문자)을 만들 수 없고, 익혀 놓은 단어들로 구성된 영어문장이 미국인의 입을 통해 말로 표현되어질 때 듣고 이해가 되지 않는다면, 단어들을 열심히, 많이 익혀 놓아도 아무 소용이 없다. 이것이 현재 대한민국 영어교육의 가장 큰 문제이며, 이 문제에 대한 해결 방법이 국내에서는 유일하게 GnB영어전문교육만의 특허로 인정받은 [생각단위]영어학습법이다. 영어문장(말)은 의미 및 기능에 의해 2~5개의 마디말인 [생각단위]로 이루어져 있다.

예) I went / to Incheon airport / to see / my American friend.// (4개의 생각단위)

영어를 공부할 때 영어문장을 이 마디말(생각단위)로 나누어 보고 조립하면서 듣기, 말하기, 읽기, 쓰기(영작) 연습을 하면 영어문장(말)의 구성원리가 자연스럽게 습득된다. [생각단위]는 학습자의 영어능력에 따라 점차 확대될 수 있다.

② [연결질문]이란?

영어문장 속의 [생각단위] 와 [생각단위]사이에서 생겨나는 다음에 올

말에 대한 막연한 물음을 [연결질문]이라 한다. 문장이 하나의 생각단
위가 될 때 [연결질문]은 문장과 문장 사이에서 생겨난다.

예) I went / to Incheon airport / to see / my American friend.//

      [어디에?]   [무엇하러?]   [누구를?]

여기에서 [어디에?], [무엇하러?], [누구를?]과 같이 문장 속 [생각단위]
와 [생각단위] 사이에서 생겨나는 질문이 [연결질문]이다.

🗨 야나두영어

야나두 홈페이지에 들어가보면, 학습방법에 대한 자세한 안내는 없다.
그저 쉽고 간단하다, 계속 공부하게 도와준다, 누구나 할 수 있다, 그런
식이다. 야나두의 강의를 들어보면 어순감각(문장패턴)을 익힌 후 느낌
을 전달하도록(단어 바꿔 말하기)하며, 다음으로 문장을 확장하는 단계
로 가는 것을 알 수 있다. 이 문장을 확장하는 단계에 '청크'의 개념이 이
용되고 있다. 다음은 야나두 홈페이지에 나온 공부법이다.

STEP 1. 문장 패턴 익히기

It takes + 시간

시간이 걸린다.

STEP 2. 단어 바꿔 말해보기

It takes 10 minutes.	10분 걸린다.
It takes 5 days.	5일이 걸린다.
It takes 2 years.	2년이 걸린다.

STEP 3. 확장해서 말해보기

It takes + 시간 +행동

행동하는데 시간이 걸린다.

It takes 10minutes to study 야나두.

야나두를 공부하는데 10분이 걸린다.

／ 이렇듯 사교육 시장
에서도 의미단위 학습인
청크는 이미 활용되고 있
다. 이는 그만큼 효과가 있
다는 반증이다.

야나두의 이런 영어학습 방식은 Bygate이 소개한 의미단위 학습방식과 유사하다. Bygate(1988)는 학습자들이 말을 들을 때 어휘를 의미 단위로 인식할 수 있도록 하기 위해 교사가 학습자들의 발화에 반응해 주는 방법을 다음과 같이 제시하였다.[1]

① 반복(repetition) : 의미 단위의 어휘를 반복하여 말하기
S : I hope it's at the corner.
T : OK, at the corner.

② 확장(expansion) : 의미 단위의 어휘를 반복하면서 그 안에 다른 어휘 항목을 넣기
S : I think that X.
T : I think, I really I think X.

③ 대치(substitution) : 앞에 나온 말을 다른 것으로 대치시키기
S : She's talking on the telephone.
T : By the telephone.

④ 완결(framing or completion) : 학생의 말을 교사가 완결하기
S : Let's meet at.
T : At the corner of Broadway and Fourth.

⑤ 주목(marking) : 학생의 주의를 끌고 말의 흐름을 유지하기
S : It faces eastward.
T : Yes, I know.

이렇듯 사교육 시장에서도 의미단위 학습인 청크는 이미 활용되고 있다. 이는 그만큼 효과가 있다는 반증이다. 다음 기사를 보자.

---

1) 의미 단위를 활용한 초등학생의 영어표현 능력 신장 방안연구, 손은일, 2005

'청크' 외우면 콩글리시 뚝!

프리랜서 민용기(31)씨는 지난 여름 휴가 때 가족과 미국에 갔다가 영어 때문에 난감한 상황을 겪었다. 식사를 마치고 후식을 주문하던 자리. 아내가 부탁한 '진한(Thick)+커피(Coffee)'를 종업원에게 주문했지만 고개만 갸웃거릴 뿐 알아 듣지를 못했다. 결국 주스로 대신했지만, 가족 여행의 통역사를 자처했던 터라 면목이 없었다. 한국으로 돌아오는 비행기 안. 민씨는 우연히 옆자리의 외국인이 커피를 주문하는 걸 보고 무릎을 탁! 치게 됐다.

"Strong Coffee with lots of sugar, please"

영어를 좀 한다는 사람들도 막상 쓰기와 말하기를 시켜보면 자신 있게 하는 경우가 드물다. 단어장을 달달 외우는 암기형 학습 덕분에 읽기와 듣기는 웬만큼 가능하지만 한국어를 영어로 바꿔 말하거나 쓸 때는 어색한 표현이 되는 경우가 허다하다. 어떻게 공부하면 영어를 좀 더 쉽게 말하고 쓸 수 있을까

• 의미 있는 묶음으로 외워라

최재식 청담러닝 ESL 연구개발 본부장은 "영어 말하기와 글쓰기를 잘하려면 청크 단위로 학습하는 것이 중요하다."고 강조한다. '청크(Chunk)'란 몇 개의 단어가 자연스럽게 연결되어 구체적인 뜻을 나타내는 표현과 의미 덩어리를 말한다. 예를 들면 'strong coffee', 'want to play'처럼 연결되는 단어조합이나 'look after', 'take after'와 같은 관용표현, 'would you mind if.', 'have you ever been to.'와 같은 고정된 표현을 머릿속에 통째로 넣는 것.

"내가 너라면 병원에 갈 텐데."를 영어로 표현하라고 시키면 당장 한글을 영어로 1대1로 대응시키고, '가정법 과거'와 'would + 동사 원형'과 같은 문법 규칙까지 떠올려야 한다. 이 과정을 암기하고 있더라도 제대로 문장을 말하기는 쉽지 않다. 하지만 청크를 활용해 '내가 너라면 … 텐데'를 의미하는 'if I were you, I'd '를 사용하고, '병원에 가다'를 의미하는 'see a doctor'를 외워두고 있다면 'if I were you, I'd see a doctor'라

제대로, 즐겁게, 꼭 해야 할 이유를 갖는다면 영어는 쉽게 우리의 것이 된다.

고 곧바로 쓸 수 있다. 머릿속에 저장된 청크를 그대로 떠올려 상황에 맞게 사용하면 되기 때문에 빨리, 쉽게 적용할 수 있다.

• '뒷받침 표현' 익혀 '토픽 맵'을

얼핏 생각하면 두 단어 이상인 청크를 외우는 것이 한 단어를 외우는 것보다 더 어렵다고 생각할 수도 있다. 하지만 청크는 의미와 표현상으로 밀접하게 연결된 단어들이 모인 표현이기 때문에 오히려 더 쉽고 오래 기억할 수 있다. 예를 들면, '학위(degree)'라는 단어를 'receive a master's degree(석사학위를 받다)'로 외우면 상황이 주어지기 때문에 단어의 뜻이 더 구체적으로 느껴져서 더 쉽게 외울 수 있다.

어떤가? 앞에서 본 기사는 청크의 중요성을 강조하고 있다. 그리고 의미단어를 미리 묶어서 외우고 연습하는 것을 영어공부의 중요한 학습법으로 소개하고 있다. 언어학자들은 인간의 뇌에서 문장을 생성하는 과정이 두뇌 속의 의미 덩어리들(chunks)이 상호작용을 일으켜서 자생적으로 문장이 생성(self-organizing)되고 이것이 밖으로 드러나는 (emerge) 것이라고 설명한다.[2] 그래서 영어 어휘를 익힐 때 단어 단위가 아닌 의미단위로 공부하면, 하나의 문장을 만들 때 우리의 뇌는 더 오래 기억하고 더 빨리 문장을 만들어 낼 수 있는 것이다.

이 책에서는 '청크'라는 제대로 된 학습방법을 관련 콘텐츠와 더불어 제시할 것이다. 제대로, 즐겁게, 꼭 해야 할 이유를 갖는다면 영어는 쉽게 우리의 것이 된다.

---

2) 굿바이 영어 사교육, 어도선외, 2013

4 의미있는 강제성

제대로 된 방식으로 재미있게 한다고만 해서 꾸준히 잘 하는 것은
쉽지 않다. 꾸준히 하기 위해서는 의미 있는 강제성이 필요하다. 누군
가와 약속을 하거나 내기를 하는 등 돈을 쓰는 것도 한 방법이다. 집에
서 혼자 운동을 해도 되지만 굳이 스포츠센터에 등록을 하면 마음으로
는 가기 싫지만 돈이 아까워서라도 가게 된다. 앞서 언급한 단기간에
영어성적을 올릴 수 있었던 그룹 스터디의 운영 기반도 벌금제도였다.

우리의 취미생활을 한 번 되돌아보라. 아무리 적은 돈으로 시작했
더라도 어느 취미생활이든 돈이 들어간다. 그리고 정말 내가 재미있게
하고, 나에게 도움이 된다는 확신이 있으면 그 돈을 투자하는 것이 하
나도 아깝지 않다. 영어공부를 하겠다고 마음을 먹었으면 돈을 써야
한다. 이 책을 산 당신은 이미 영어공부에 투자를 한 것이다. 그리고
이 책이 추천하는 콘텐츠를 가지고 꾸준히 하면 된다.

물론 학원 등록도 가능성이 있다. 돈을 썼기 때문에 아까워서 하게
된다. 전화영어도 요긴하다. 돈을 썼으니 꼭 전화를 받아야 한다. 그룹
스터디도 좋다. 안 하면 벌금이 자꾸 나오기 때문에 참여해야 한다. 그
런데 이런 것들도 결국은 '꼭 해야 하는 이유'와 '재미'가 더해져야만
완성이 된다. 어찌 보면 돈의 투자는 꼭 해야만 하는 한 부분을 채울
수 있는 것이 되므로 돈을 투자하는 방법도 추천한다.

영어교사인 저자는 영어과 장기심화 연수를 신청하고 이후 연수에
서 정해주는 전화영어, 온라인 강좌들을 꼭 해야 했다. 만약 중간에 힘
들어 그만둔다면 그동안 투자한 비용을 연수포기자가 전액 지불한다

영어공부에 있어서 약간의 중압감이 사실은 우리 머릿속에서 공부에 사용되는 두뇌의 부위를 더 활성화시킨다는 연구 결과도 있다.

는 서약을 하고 시작했다. 장기로 집중 투자 해 주는 연수여서 그 액수가 만만치 않았다. 그렇다보니 직장일이 힘들다고, 워킹맘으로써 집안일을 해야 하는 고충도 그만둘 수 있는 핑계 사유가 되지 않았다. 시간을 투자하는 것도 매우 중요하다. 그렇게 강제로라도 시간과 노력을 투자하다 보니, 자연스럽게 탄력이 붙어서 연수 중반에 이르러서는 영어 공부가 너무 재미있었다. 하루에 3 - 4시간 밖에 수면을 취하지 못했지만 일상이 즐거웠고, 오히려 영어공부 시간이 부족한 것처럼 느껴져 더 공부하고 싶어졌다.

영어공부에 있어서 약간의 중압감이 사실은 우리 머릿속에서 공부에 사용되는 두뇌의 부위를 더 활성화시킨다는 연구 결과도 있다. 마냥 즐겁고 편하다고 영어공부가 잘 되는 것은 아니다. 뇌는 안정적인 행동이나 습관이 반복되고 있으면 재미없어하고 적당한 스트레스가 오히려 뇌를 즐겁게 한다. 뇌를 신나게 해 주는 소소한 자극이 되는 것이다. 그러니 과하지 않고 적절한 스트레스는 영어공부를 더 효과적이고 꾸준하게 하는 요소가 될 수 있다. 해야 한다는 실행을 촉진시켜 임무를 완수하게 해 주기도 한다. 무언가 닥치게 되면 평소에 일하던 양보다 더 능률이 오른 경험을 하지 않았는가? 마치 마감 기한을 하루 남긴 보고서가 더 잘 써진다던가, 내일이 시험이면 오늘 밤 공부가 더 잘 되는 이치와 같다.

Ⅱ | 한국인이라 영어가 안된다?

초등 영어교사인 저자는 영어가 처음 초등학교에 도입되던 무렵 담임으로서 영어를 가르치게 되었다. 초등학교에 영어 과목이 처음 들어온 시기라 도대체 어떻게 영어를 가르쳐야 할지 막막하기만 했다. 저자가 졸업한 교육대학에서는 한 노교수가 잘 들리지도 않는 목소리로 가르치시는 영어음운론과 어쩌다 대답 한 번 했다가는 2시간 내내 교수님의 1대1 문답을 감당해야 하는 수업뿐이었다. 그래서 도대체 영어교수법 시간인지 1인 토론 시간인지 구분이 안 가는 그런 수업을 총 4학점 들은 게 전부였다. 심지어 그 토론수업의 주제는 대학교 주변 일상의 자질구레한 사건들로 시작해 영어랑 상관없이 끝나곤 했다. 그래서나는 중학교 때 내가 영어를 배우던 식대로 가르쳤다. 그런데 가르치면 가르칠수록 너무 힘들고 부담스러웠다. 다른 과목은 가르칠수록 경험과 노하우가 쌓여 수월해지는데 유독 영어 과목만은 시간이 갈수록 만만치 않았고 아이들도 점점 지루해하고 어렵게 느끼는 것이 보이기 시작했다. 학생들은 무엇을 하는지도, 어떤 순서나 형식으로 영어문장이 구성되는지도 모른 채 저자가 시키는 대로 통문장을 외우고 있었다.

저자가 진짜 어렵다고 생각했던 것은 제대로 가르치는 일이었다. 초등학교 영어교육과정에 명시되어 있듯이, 학생들이 영어에 흥미를 가지고 실제적으로 이해하며, 간단한 영어를 구사할 수 있도록 만들고 싶었다.

영어수업에 대해 고민하면서 교사 연수를 찾아다녔다. 그리고는 영어수업에 효과적인 여러 가지 방법들을 찾아 적용하였다. 그리고 이제

나의 영어수업에서 학생들은 많은 흥미와 재미를 느끼고 있다. 학교행사 때문에 영어수업을 한 시간이라도 빠지게 되면, 영어수업을 하고 싶은데 왜 안하냐고 거세게 항의한다. 이러한 현상은 우리나라 초등학교 영어수업에 벌써 보편화되고 있다.

그러나 아직도 중·고등학교에서 영어는 학생들에게 큰 벽이다. 학생만 그럴까? 일반인에게도 아직 해결하지 못한 과제로 남아 있다. 어디서든 영어를 못하는 사람들은 괜히 부끄럽고 숨고 싶은 죄인이 된다. 그리고 영어를 잘하는 사람이 있으면 무조건 부러워하고 어떻게 영어공부를 했는지 모두 다가가서 묻는다.

초등학교에선 재미있고 신나던 영어가 왜 중학교, 고등학교에만 가면 어렵고 하기 싫은 과목으로 변하는 걸까? 그리고 성인들에게 영어는 가까이 하기엔 너무 먼 것이 되었을까? 그렇게 많은 사람들이 기를 쓰고 공부해도 외국인 앞에서 당당하게 이야기하며 대화를 이끌어 나가는, 그들과 사회 문제를 놓고 토론을 해도 손색이 없을 정도로 영어를 구사하는 사람은 찾아보기 어렵다.

이번 장에서는 영어를 배우기 위한 우리의 언어적, 사회적, 역사 문화적 환경에 대해서 알아보도록 하겠다. 10년 이상의 학교 교육에서 영어를 배우고 있지만 왜 영어가 제대로 되지 않는지, 우리나라 사람들이 영어 읽기와 쓰기는 좀 되는데 왜 외국인만 보면 말문이 막히고 당황하는지에 대한 언어적, 사회적, 역사적인 면을 조명하여 그 원인을 찾아보려는 것이다. 그 차이점을 찾아보면 영어가 안 되는 좀 더 논리적이고 타당한 근거를 객관적으로 바라볼 수 있을 것이다.

분명 우리나라는 영어를 잘 하기에 부족한 환경에 놓여 있다. 그런데도 가끔 언론이나 사회적 분위기에서 논하는 뉘앙스는 영어를 잘 하는 나라와의 무조건적인 비교 결과로, 그 원인을 개인의 노력과 관심 부족, 지나친 사교육의 문제점으로 폄하한다.

이 장이 끝날 즈음 영어가 안 되는 것은 지극히 개인적 문제이며, 그렇게 돈을 쓰고 교육적 노력을 쏟아 부어도 영어를 극복하지 못 하냐는 겁 주기식 불안감을 조성하는 사회 분위기 안에서 우리는 조금 자유로워질 것이다. 영어를 배우기엔 우리나라를 둘러싼 환경이, 영어를 잘 하는 나라와 근본적으로 다름에 대한 기본적인 이해 없이 영어 정복은 결코 있을 수 없기 때문이다.

이 장에서 이제까지 그저 그런 줄 알고 구태의연하게 행해왔던 방법들에 대해 다시 생각해 보자. 그리고 지금까지 영어 수업에서의 문제점을 깨닫는다면 당장 바꾸어 보는 도전이 시급하다. 영어교사나 영어를 공부하고자 하는 학생들, 영어정책 입안자를 비롯하여 영어 쪽에 종사하는 사람들까지 모두 고민해 보아야 할 문제이다. 옛날부터 해 오던 것에서 변하는 것이 두렵다고, 새롭게 바꾸는 것이 귀찮다고 여기에 머무를 수는 없는 노릇이다. 과거의 방법이 틀렸다면 바꾸어야 하는 것이다. 언제까지 해 오던 것만을 답습하고 안주하겠는가?

그럼 국어와 영어의 다른 점을 살펴보는 것으로 시작한다.

분명 우리나라는 영어를 잘 하기에 부족한 환경에 놓여 있다.

영어는 강세(stress)를 기준으로 박자를 맞춘다.

1 국어는 음절 단위, 영어는 스트레스 단위, 즉 비트다.

한국어, 스페인어, 중국어와 같은 언어는 말을 할 때 모든 낱말을 빠짐없이 발음한다. 이들 언어는 발음하는 시간을 나누는 기준이 음절이기 때문에 음절수가 많아지면 말하는 시간도 길어진다.

반대로 영어는 강세(stress)를 기준으로 박자를 맞춘다. 음절의 개수가 많으냐 적으냐가 아닌 강세가 있는 음절과 그 다음에 강세가 있는 음절이 나올 때까지의 시간 간격을 한 박자로 발음한다. 그러니 중간에 강세가 없는 음절들은 약모음 처리를 해서 재빨리 가져다 붙여버린다. 이런 특징이 우리가 영어 문장을 들을 때 한 문장에 단어 몇 개만 들리는 것으로 나타난다.

소리만 크게 내는 것만이 아닌 영어만의 고유한 발성으로 소리를 내기 때문에 우리말을 할 때와는 차이가 있다. 그렇다보니 강세를 주어야 할 부분에 그것을 넣지 않고 소리를 내면 아주 간단한 단어임에도 불구하고 원어민들이 잘 알아듣지 못한다. 그러니 강세를 안다는 것은 단지 그 위치만을 아는 것이 아니라 그 발음도 정확하게 알고 있음을 의미하게 된다.

자, 이것은 우리에게 어떤 점을 시사하는가? 만약 우리가 강세의 위치를 정확히 알고 발음한다면 원어민과의 의사소통에서 문제가 생길 확률이 줄어들 것이다.

2 본토발음 절대 안 중요하다. 버터발음 버리자

모 방송에서 사람들을 모아놓고 60대 남자가 영어로 연설하는 것을 들려주었다. 한국식 발음에 딱딱하게 끊어지는 투의 음성파일이었다. 이 연설을 들려준 후, 한국 사람들에게 연설자의 영어점수를 매겨보게 하였다. 대부분의 한국 사람들은 60점 이하를 주었다. 그들은 낮은 점수를 준 이유를 좋지 않은 발음과 부드럽게 이어지지 않아 귀에 거슬리는 영어표현으로 꼽았다. 만약 자신의 아이가 영어를 한다면 이 분보다 더 유창하게 잘했으면 좋겠다고 답하는 사람들이 대부분이었다.

반면에 이 연설을 들은 원어민들은 완벽한 영어라고 칭찬하였다. 문장구조가 좋았고 의사도 잘 전달했으며, 수준 높은 어휘를 사용하였고, 내용이 분명하였다고 평가했다. 대부분 90점대 후반의 점수를 주었다. 그들은 발음과 끊어지는 말투는 전혀 문제가 되지 않는다는 반응을 보였다.

자, 이쯤하면 이 분이 누구인지 다들 눈치 챘을 것이다. 그제야 다시 영상으로 누군지 확인한 한국인들은 깜짝 놀라는 사람이 대부분이었고, 심지어 너무 죄송하다고 말하는 실험 참가자도 있었다. 그리고는 영어를 다 알아들었냐는 기자의 질문에 한국 사람들은 잘 알아듣지는 못했지만 발음이 무척 촌스러워 엉어를 못하는 것으로 판단했다고 답

원어민들은 영어를 잘 하는 기준을 그들의 대화 능력과 의사전달 능력으로 생각하지만, 한국인들은 유창한 발음을 최우선으로 여기는 것을 알 수 있게 해주는 사례이다.

했다. 이 분은 누구인가? 세계의 대통령이라고 불리며 영향력을 끼친 전 UN 사무총장 반기문이었다. 그리고 실험에 사용된 것은 21세기의 명연설로 꼽히는 2006년 UN 사무총장 수락 연설이었다.

이 실험에서 한국인들의 영어를 잘한다고 평가하는 기준에는 오해와 편견이 숨어있음을 시사한다. 원어민들은 영어를 잘 하는 기준을 그들의 대화 능력과 의사전달 능력으로 생각하지만, 한국인들은 유창한 발음을 최우선으로 여기는 것을 알 수 있게 해주는 사례이다.

미국의 외무장관을 지냈던 키신저도 독일에서 귀화한 미국인이었다. 영어 발음은 좋지 않았지만 그의 연설은 지금까지도 회자되면서 영어연설을 잘하는 명사로 유명하다. 이러한 사례들은 우리가 영어를 공부하면서 영어를 잘 한다는 기준을 어디에 두어야하는지 생각해 보게 한다.

우리나라 국어교사들, 특히 서울이 아닌 사투리를 많이 쓰이는 지역에서 근무하는 사람 중에 표준 국어 발음을 구사하는 사람은 드물 것이다. 하지만 그들에게 표준 발음으로 수업해야만 한다고, 그 국어 발음을 문제 삼아 압박하는 일이 있을까? 그렇지 않다. 오히려 TV 토론이나 개그, 예능 프로그램에서 구수한 경상도나 무뚝뚝한 강원도 사투리가 꽤 인기다. 그런데 우리는 유독 영어 발음에 목숨을 거는 것일까? 왜 영어교사들은 발음 때문에 주눅이 들고 작아져야만 할까?

본 연구팀의 교사가 특수목적(외국어) 고등학교에 근무했었을 때, 1학년 학생들 중 자퇴를 하거나 심한 우울증을 앓는 아이들이 꽤 있었다. 그 원인은 바로 영어였다. 더 정확히 말하면 영어 발음이었다. 외국에서 나고 자란 학생들 사이에서, 그저 한국의 학교에서만 열심히 공부하여 진학한 학생들은 발음 때문에 영어 시간이 지옥이었다고 고백한다. 자신의 영어 발음이 부끄러워 수업시간에 제대로 참여를 못하는 일이 반복되니 영어 시간에 그들의 두려움과 불안이 최고조에 이르게 되었기 때문이다.

　이런 학생들은 영어시간 중 특히 말하기와 듣기 영역을 더 어려워하였는데, 그들이 말하는 어려움은 다음과 같았다. 특목고 1학년 회화시간의 학생들이 설문에 응답한 내용으로, 일반 학생들도 같은 어려움을 느낄 것이 분명하고 나아가 영어를 공부하는 학습자들에게도 동질감을 줄 것이다.

◆ 영어 문장이 바로바로 생각나지 않고 혹시나 발음 때문에 못 알아들을까봐 걱정이 된다.

◆ 어휘, 숙어 활용이 잘 안 되고, 문법적 오류가 겁이 나서 말을 못 하겠다.

◆ 실생활에 쓰이는 숙어나 연어 같은 것을 몰라 맞는 표현인지 확신이 없다.

◆ 자신감이 부족하다보니 수업 참여도가 떨어지고 멍하니 있는 시간이 늘어난다.

◆ 잘 하는 친구들 사이에서 부담스럽고, 부끄럽고, 떨린다.

◆ 연음이 매끄럽지 못하고 단어의 정확한 발음을 모를 때가 종종 있다.

◆ 적절한 단어가 제 때에 안 떠오른다.

◆ 발음이 너무 안 좋아서 한 단어 한 단어 말하다 보니, 전체적인 문장 읽기가 잘 안 되는 것 같다.

◆ 원어민과 잘하는 친구들 사이에서 부담감이 커서 문장이 머릿속에 떠올라도 말하기가 어렵다.

청크(의미 단위)로 읽고 말하다보니 영어가 더 쉽게 다가오는 것 같았고 그렇게 계속 말하다보니 자신감이 생긴다.

위와 같은 어려움을 토로한 학생들에게 청크(의미단위) 학습을 소개하고 실행해 보도록 하였다. 일정 시간이 지난 후, 청크 영어학습을 체험해 본 학생들이 다음과 같은 피드백을 주었다.

- 청크 영어로 외워서 말하니 한 단어, 한 단어가 아닌 덩어리로 나오게 되어 말할 때 편하다.

- 청크(의미 단위)로 읽고 말하다보니 영어가 더 쉽게 다가오는 것 같았고 그렇게 계속 말하다보니 자신감이 생긴다.

- 매우 괜찮다고 생각한다. 일단 표현력이 높아지고, 머릿속에서 한국어가 영어로 바뀌는 속도도 빨라졌다.

- 상황에서 영어가 금방 떠오른다. 단어를 짜깁기하는 방식이 아니라서 자연스럽다.

- 문법을 신경 안 써도 말하기가 되니 효과가 있다.

- 꾸준히 하면 단어 외우기보다 더 많은 효과가 있다.

- 문장 만드는 능력이 향상된 것 같다.

- 읽을 때 억양이 향상되었다.

- 끊어 읽기를 할 수 있게 되어, 매끄럽게 읽기가 된다.

- 쉽게 회화가 가능하다.

- 새롭다. 그냥 단어나 문법만 외울 때보다 더 빨리 느는 것 같다.

- 청크를 외우니 같은 형식으로 다른 뜻의 문장을 쉽게 말할 수 있어서 좋다.

- 청크 덕에 날이 갈수록 발전한다.

요즘 미국의 수학, 과학교육 분야에서 개인별 프로그래밍으로 맞춤식 평가와 학습 콘텐츠를 제공하는 '칸 아카데미'가 유명하다고 한다. 여기 제작자

인 살만 칸은 인도계 미국인이다. 또 구글의 창업자를 비롯하여 미국 핵심연구의 프로그래머 중에 인도계 사람이 유난히 많다. 이들은 어떻게 영어를 발음할까?

이들은 영어를 쓰지만 그 안에 인도인만의, 그들 특유의 발음을 가지고 있다. 그들의 역사상 영국의 식민지 시대를 거치다 보니 인도어와 영어를 혼용해서 쓰기 때문에 우리가 들으면 참 세련되지 못하게 발음한다. 그런데 인도인들은 우리처럼 남들 앞에서 그들 특유의 발음으로 영어 말하기를 부끄러워할까? 아닐 것이다.

생각해 보자. 그들은 인도 특유의 영어발음으로 말을 하는데 과연 인도인들은 영어를 못하는 것일까? 아니다. 오히려 우리가 미국식 영어, 혀만 굴리는 발음의 굴레에 갇혀 있는 것은 아닐까? 진짜 영어 잘하는 사람을 가리는데 무엇이 기준이 되어야 하는지 생각해 볼 문제다. 앞서 반기문 전 UN 총장의 예처럼 자기 생각을 연설을 통해 잘 전달할 수 있으면 되지 않을까? 어느 발음을 선호하든지 그것은 개인의 취향이기도 하다. 하지만 보다 본질적으로 의사소통을 중요시하는 영어 능력에서 보면 발음은 그저 껍데기일 뿐이고, 진짜 알맹이는 자신의 생각을 효과적으로 진달할 수 있는 언어구사능력이다.

> 그들은 인도 특유의 영어발음으로 말을 하는데 과연 인도인들은 영어를 못하는 것일까?

> 어느 발음을 선호하든지 그것은 개인의 취향이기도 하다. 하지만 보다 본질적으로 의사소통을 중요시하는 영어 능력에서 보면 발음은 그저 껍데기일 뿐이고, 진짜 알맹이는 자신의 생각을 효과적으로 전달할 수 있는 언어구사능력이다.

발음 문제와 더불어 지적하고 싶은 것은 우리나라의 영어가 지극히 미국식 발음에 최적화되어 있다는 것이다. 예를 들어, 우리나라 사람들은 'water'라는 단어를 '워러'라고 발음하는데 더 익숙하다. 그래서 종종 '워터'라고 발음하거나 강한 악센트로 말을 하면 무식하다고 하거나 영어를 어쭙잖게 배웠다고 하찮게 보는 경향이 매우 강하다. 그래서 '워러'라고 발음하는 사람들이 더 영어를 잘 한다고 오해하고, 그렇게 믿는다.

우리나라에 들어와 생활하는 외국인들이 이런 현상에 대해 매우- 특이한 인상을 받는 것도 사실이다. 연구팀의 초등교사인 저자는 영국계 원어민과 영어수업을 다년간 팀티칭(Team teaching)한 경험이 있다. 그녀가 처음 한국에 들어와서 가진 첫인상이 한국은 모든 영어를 미국식으로 발음한다는 사실이었다. 학원 교재, 간혹 방송되는 영어로 된 동영상들 심지어 우리 교과서 CD도 모든 발음이 미국식으로 나온다. 그러니 그녀가 온 처음 학기 내내 영어 수업시간에 학생들이 다음과 같이 말하는 경우가 많았다.

"선생님, ○○선생님은 왜 저렇게 발음해요?"
"저렇게 발음하는 거 틀리지 않나요?"
"정말 영국사람 맞아요? 영어 못하는 거 아니에요?"

그래서 우리의 영어수업은 매우 자주 영국식, 미국식 발음을 병행해 들려주며 연습시키는 것으로 진행되기도 하였다.

더 놀라운 사실을 말해 볼까? 외국인들 사이에서 한국에서 EPIK(English

Program in Korea)교사로 근무를 하려면 미국식 발음을 연습해서 인터뷰에 응해야 한다는 것이 매우 중요한 팁이다. 그래서 미국이나 캐나다 사람이 아닌 다른 국적의 외국인들은 EPIK교사 선발 인터뷰 전에 미리 미국식 발음으로 대답을 연습하고 인터뷰에 응한다고 한다. 이런 법칙은 한국의 영어유치원을 비롯한 사교육 시장의 원어민 교사들에게도 동일하게 적용된다.

그런데 정말 아이러니한 상황은 토익시험에서 나타난다. 토익시험에 응시해 본 적이 있는가? 토익 듣기 시험에서는 정말 다양한 국적의, 다양한 사람들이 말하는 영어발음이 나온다. 인도 사람은 인도식으로, 말레이시아 사람은 말레이시아식으로 문장을 읽고 말한다. 우리나라 사람들의 생각처럼 발음이 미국식으로 좋아야 한다면 토익시험은 왜 그렇게 나오는지 한번 의심해 봐야 하지 않는가? 다시 말하지만 영어발음은 영어를 구사하는데 그렇게 중요한 요소가 아니다. 버터발음 신경쓰지 말자. 자신있게 발음하자.

3 일본식 어법의 적폐에서 벗어나자

1) 어법 점수 최고점 받은 유학생

해외 어학연수 붐이 한창이었을 때의 일화이다. 회화가 전혀 안 되는 한국 유학생이 어법 테스트에서 최고점을 얻었고, 해당 문법을 분석적으로 설명하여 찬사를 받았다. 그 때 그를 지도했던 외국인 교수는 '한국 학생의 어법에 대한 용어와 분석을 통해서 본인이 대학에서 배웠던 통사 용어를 정말 오랜만에 들었나'라고 말했다. 그 이후 그 학

버터발음 신경쓰지 말자. 자신있게 발음하자.

회화가 전혀 안 되는 한국 유학생이 어법 테스트에서 최고점을 얻었고, 해당 문법을 분석적으로 설명하여 찬사를 받았다.

캐나다 밴쿠버에는
한국 유학생에 대한 3대
미스터리가 있다고 한다.

생은 문법박사로 통하게 되었다. 그러고도 약 4개월 동안 그 유학생은 회화 수업 중 대화에는 전혀 참여하지 못했지만, 문법 문제만 나오면 설명을 했다고 한다.

이 상황을 우리의 입장으로 바꾸어보면, 외국인이 한국말은 못하는데, 주어와 서술어가 비대칭인 것을 가지고 굴절 어미가 잘못 사용되었고, 관용어의 용법에서 맞지 않고, 한글학회에서 나온 국어대사전에는 없는 말이라는 것으로 설명한 것과 마찬가지다.

이 책의 연구팀 저자는 오랫동안 교사 해외연수 진문 코디네이터로 미주 지역의 대학에 위탁한 어학연수 프로그램에 참여한 경력이 있다. 어느 해 방문한 지인의 집에서 농담 반, 진담 반으로 전해들은 이야기가 가히 충격적이었다. 캐나다 밴쿠버에는 한국 유학생에 대한 3대 미스터리가 있다고 한다.

첫째, 영어 회화가 안 되는데, 대학입학 자격에 해당하는 어학 점수를 따서 입학 관문을 통과했다.

둘째, 그렇게 입학한 대학에서 아무와도 말을 하지 않고 강의도 알아듣지 못하는데, 시험을 보면 낙제는 커녕 오히려 점수가 높다.

셋째, 리포트를 써 오면 완벽했으며, 모든 학점을 채우고 마침내 학위를 받아 한국으로 돌아가는데, 여전히 영어로 대화는 어렵다.

원어민들에게서 농담 비슷하게 이 이야기를 들었을 때 저자는 매우 당황하였다. 대부분의 한국 유학생들은 동기생과 소통도 안 되고 강의 내용도 잘 알아듣지 못하는데 누군가 글로 과제를 적어준 것은 이해하였다. 그리고 리포트를 글로 써서 제출이 가능했던 것이다.

Kenison은 그의 책에서 아래와 같이 한국학생들은 TOEIC이나 TOEFL 등 '시험을 보는 능력'은 매우 뛰어나며 문법 능력은 원어민과 필적할 만하다는 것을 인정하지만, 그들의 말하기 능력은 매우 부족한 현실이라고 지적하였다.

Traditionally, Korean education tends to rely on heavily upon transmision or banking methods. While the old methods have successfully produced students with an excellent knowledge of English grammar, they have proven to be extremely ineffective in producing competent speakers of English, who are solely needed in this age of international business and globalization.

2) 일본식 어법

OECD 중에서 영어를 가장 못하는 두 나라가 있다. 일본이 1위, 한국이 2위이다. 우리나라 영어는 과거 일본식 어법을 번역해서 만든 성문식 영어가 그 뼈대가 되었다고 해도 과언이 아니다. 그 뼈대 깊숙이 일본식의 분석 문법이 있다. 그런데도 왜 이런 망령에 아직도 벗어나지 못하는 것인지? 지금 배우는 모든 문법 용어는 일본식 분석 어법에서 사용된 것들이다. 그런데 그 원조가 OECD에서 꼴찌이고, 그걸 배운 우리는 꼴찌 다음에 서 있다. 이것이 우연의 일치일까?

앞서 소개한 한국 유학생들의 모습처럼 영어 회화는 안 되지만 글

한국학생들은 TOEIC이나 TOEFL 등 '시험을 보는 능력'은 매우 뛰어나며 문법 능력은 원어민과 필적할 만하다는 것을 인정하지만, 그들의 말하기 능력은 매우 부족한 현실이라고 지적하였다.

지금 배우는 모든 문법 용어는 일본식 분석 어법에서 사용된 것들이다. 그런데 그 원조가 OECD에서 꼴찌이고, 그걸 배운 우리는 꼴찌 다음에 서 있다. 이것이 우연의 일치일까?

로 제시된 문장의 문법과 활자적 해석을 중요시하는 영어가 우리나라
에 판을 치고 있다.

문법지도가 유창한 언어습득으로 이어질까? 그렇지 않다. 물론 기
본적 문장구조의 이해에 문법이 필요한 것은 맞다. 그러나 그 문법이
언어사용의 중심이 될 수는 없다. 영어를 습득하는 데 있어서 문법이
그 중심을 차지하기에는 너무 빈약하기 때문이다.

Thornbury는 문법지도에 대한 부정적인 입장을 다음과 같이 서술
하였다.3)

첫째, 언어는 경험에 의해 배울 수도 있다. 만약 언어의 습득을 자전
거에 비유한다면 언어를 배우는 과정은 자전거를 타는 것과 같다.
즉 , 언어의 항목들(vocabulary and grammar)은 자전거 자체의 구조들
(pedaling, steering, handle bar)에 해당되고 언어를 사용하는 것은 자전거
를 타는 방법을 아는 것으로 비유할 수 있다. 자전거를 탈 수 있으려면
자전거의 구조를 아는 것보다 직접 자전거를 타 보는 것(you learn it by
doing, not by studying)이 더 유용하다. 언어도 마찬가지이다. 언어를 사
용할 수 있으려면 언어 자체의 항목들을 학습하기보다는 직접 실생활
에서 경험하고 부딪히는 것이 먼저다.

둘째, 언어는 의사소통에 의해서 배울 수 있다. 의사소통 능력은 '의
사소통'이라는 그 목적을 달성하기 위해서 어휘와 문법을 사용하는 방
법을 익히는 것이다. 또한 사회적으로 적당한 상황과 활동으로 의사소
통하는 것을 배우는 방법이기도 하다. 언어를 배우는 목적이 의사소통
하기 위해서라면, 언어는 의사소통에 의해서 배워질 수 있는 것이지

---

3) 조기영어교육에서 의미단위를 통한 영어학습의 필요성과 효과적인 지도방안, 한주희, 2009

문법을 통해서가 아니며, 문법은 의사소통 중에도 무의식적으로 습득될 수 있다고 생각하는 것이다. 그러므로 오로지 문법 규칙만을 학습하는 것은 의미 있는 시간을 단순히 허비하는 것이라는 견해이다.

셋째, 언어는 습득에 의해 배울 수 있다. 우리들이 모국어를 배울 때 문법을 먼저 배우지 않고도 말을 배웠다는 것을 잊어서는 안 된다. Krashen은 외국어를 배우는 과정은 매우 자연스러운 것이며 무의식적으로 배우는 '습득'과 외국어를 의식적으로 배우는 과정인 '학습'으로 구분해야 한다고 하였다. 문법은 공식적인 학습의 결과이며, 학습만으로는 실질적인 의사소통에 한계가 있다. 외국어를 배우는 성공의 비결은 '습득(acquisition)'이지 '학습(learning)'이 아니라는 것이다.

넷째, 언어는 자연적 순서에 의해서 배울 수 있다. 학습자가 배우는 순서에 상관없이 문법 습득에는 자연적인 순서가 있다고 한다. Chomsky는 인간의 뇌 속에 언어습득 장치가 있어서 배우지 않아도 어느 정도 학습이 가능하다고 보았다. 사람은 태어날 때부터 보편적인 문법 감각이 있어 배우지 않아도 자연적으로 문법 구조를 습득할 수 있기 때문에 문법을 배우지 않아도 된다고 주장한다.

다섯째, 언어는 의미단위[4]에 의해 배울 수 있다. 의미단위는 단어보다는 크고 문장보다는 작은 개념이다. 언어의 의미단위를 습득한다는 것은 실제 상호작용에서 학습자가 계획할 수 있는 시간을 절약하고 언어 발달에도 제 몫을 한다는 뜻이다. 또한 복잡한 문법 설명이 없어도 영어의 어순을 자연스럽게 익히게 해 준다.

이렇게 살펴본 두 학자의 견해를 종합하면 오로지 문법만을 중심으

---

4) 이 의미단위를 이 책에서는 '청크'라고 한다.

／ 청크 중심의 영어학
습을 하다보면 영어가 가
진 고유한 패턴을 찾아
'습득'할 수 있으며, 그것
을 바탕으로 빠르게 영어
문장을 구성해 낼 수 있는
능력을 키울 수 있다.

로 가르치는 것은 큰 의미가 없다. 특히 마지막에서 청크(의미단위) 중
심의 학습이 왜 필요한지 이해할 수 있었을 것이다. 청크 중심의 영어
학습을 하다보면 영어가 가진 고유한 패턴을 찾아 '습득'할 수 있으며,
그것을 바탕으로 빠르게 영어 문장을 구성해 낼 수 있는 능력을 키울
수 있다.

3) 중등학교에서 가르치는 영어

이 책의 연구팀은 현직 교사와 교수들로 구성되어 있다. 공립학교
의 영어 교사가 되기 위해서는 사범대 영어교육과를 졸업하거나, 영어
관련 학과에서 교직이수를 한 후, 임용시험을 통과해야 된다. 그들이
밝히기를 대학에서 배운 것은 주로 원론적인 영문법, 영미시, 현학적
인 학문이라고 말한다. 학교에 나가 영어를 가르치는 상황의 '학교 영
어'에 대해 정작 배우는 과정이 없다. 그러니 스스로 연구하고 있다고
한다. 이렇게 임용이 되어 현장에 배치된 교사들은 학생들에게 맞는
학교 영어의 내용을 배운 적이 없으면서도 가르친다. 그저 가르친다.
그들이 배운 대로! 우리가 그 어법투성이 영어의 망령에서 벗어나지
못하는 또 다른 이유이다.

보통 초등학교까지는 대부분의 학생들이 생활영어를 곧잘 한다. 영
어에 대한 재미도, 자신감도 매우 높다. 하지만 아이들이 중·고등학
교로 진학하면서 영어는 골치 아프고, 재미없는 과목으로 변한다. 영
포자(영어를 포기하는 사람)가 기하급수적으로 늘어난다. 평가를 위한 시
험, 단순 변별을 위한 문법 문제들이 영어를 재미있게 배운 아이들의
학습 동기를 깨는 것이다.

 문제는 중등영어교육에서 읽기, 쓰기에만 집중해 영어를 가르치는 데에 있다. 사람들은 아마도 읽기와 쓰기를 키워주면 듣고 말하는 언어 구사능력이 자연적으로 습득될 거라고 생각하는 것 같다. 그런데 이는 언어습득 과정에 대한 이해의 오류이다. 읽기 · 쓰기는 학습에, 듣기 · 말하기는 습득에 가까운 개념이다. 사람이 태어나서 모국어를 배울 때, 우리는 글자로 읽기와 쓰기부터 배우는가? 글자를 먼저 배우고 읽기를 통해서 말을 배우느냐는 것이다.

 당연히 아니다, 먼저 아이는 부모나 주변 사람들로부터 들려오는 소리를 듣는다. 그리고 뜻 모를 옹알이를 하다가 어느 정도 지나면 사람들이 말하는 소리가 무슨 뜻인지 이해하고 반응한다. 말문이 트일 무렵, 처음에는 대부분 '엄마, 아빠' 같은 간단한 단어를 배워서 말한다. 어느 시기엔 모든 대답이 '엄마'와 비슷한 소리일 단계도 있다. '엄마'라는 말이 '좋다, 싫다, 배고프다, 졸리다' 등등의 다양한 뜻으로 발현된다. 그러다 아이는 쉬운 단어를 하나하나 배워나가면서 발음하고 더 나아가 완벽한 문장을 만들 수 있게 된다. 대략 전문가들은 1만 시간 이상 모국어에 노출되어야 언어를 자유자재로 구사할 수 있다고 본다.

 현대사회에서 사람들은 대부분 읽고 쓸 줄 안다. 그렇지만 문자해득률이 100%를 차지하는 나라는 거의 없다고 봐야한다. 말을 알아듣기는 하지만 읽고 쓰는데 어려움이 있는 성인들이 존재한다. 전 세계에는 7천 개 이상의 언어가 있지만, 글을 가진 언어는 70여 개에 불과하다[5]는 사실은 언어를 듣고 말할 수 있으면 반드시 읽고 쓸 수 있다는 등식이 성립되지 않는다는 것을 보여준다.

---

5) 왜 우리의 영어는 실패하는가?, 이병민, 2015

사람들은 아마도 읽기와 쓰기를 키워주면 듣고 말하는 언어 구사능력이 자연적으로 습득될 거라고 생각하는 것 같다.

영어를 잘한다는 것
즉, 의사소통이 된다는 것
은 아마도 아이가 태어
나서 말을 배우는 과정과
비슷할 것이라고 추론할
수 있다.

영어를 잘 듣고 잘
말하려면 일반적인 공부
와는 달라야 한다. 마치
운동 하듯이, 즉 자전거
타듯이, 수영을 하듯이,
저절로 몸에 자연스럽게
익혀서 시도 때도 없이 자
유자재로 반응할 수 있게
해야 한다.

그렇다면 영어라는 말을 잘하기 위해서는 어떤 과정이 필요할까? 영어를 잘한다는 것 즉, 의사소통이 된다는 것은 아마도 아이가 태어나서 말을 배우는 과정과 비슷할 것이라고 추론할 수 있다. 당연히 일반적인 공부를 하는 것과는 다른 접근이 필요하다. 영어를 듣고 이해하려면 먼저 귀를 통해 들려오는 말을 듣고, 그 의미를 이해한 후 그에 알맞게 반응할 수 있어야 할 것이다. 앞서 말한 바와 같이 아이가 태어나 자유자재로 언어를 구사할 수 있는 시간이 1만 시간쯤 걸린다. 아마 외국어도 이와 비슷한 시간이 걸리지 않을까?

영어를 잘 듣고 잘 말하려면 일반적인 공부와는 달라야 한다. 마치 운동 하듯이, 즉 자전거 타듯이, 수영을 하듯이, 저절로 몸에 자연스럽게 익혀서 시도 때도 없이 자유자재로 반응할 수 있게 해야 한다. 운전을 해 본 사람은 알 것이다. 처음 면허증을 따서 차를 운전하면 땀이 비 오듯 하고 운전하는 게 매우 두렵다. 그러다 어느 정도 익숙해지면 직장에서 퇴근하기까지 어떻게 집에 왔는지 기억도 나지 않는다. 그만큼 익숙해졌기 때문이다. 그리고 굳이 말로 설명하지 않아도 그 상황에 맞게 몸이 먼저 움직여 적절하게 대처할 수 있게 된다.

뇌에 여러 가지 기억기능이 있다는 것을 아는가? 뇌의 기억기능 중에는 서술기억과 비서술기억이 있다. 서술기억(declarative memory)은 의식이 있는 상태에서 회상할 수 있는 기억이다. 이것은 단어, 뜻, 이름, 날짜, 얼굴, 개념, 사상 등 사실적 정보에 대한 기억이나 지식을 포함한다. 다시 말하면 지식적으로 알고 있는 사실들이다. 서술기억은 일부러 생각하는 의식적 접근이 가능하나, 의식적으로 기술할 수 없는 비서술기억(절차기억)과 반대된다. 예를 들어, 자전거를 타는 것은 비서술기억에 포함되지만 주행거리를 계산하는 것은 서술기억이다.

비서술기억(non-declarative memory)은 이전의 경험이 도움을 주는지 깨닫지 못한 상태에서 이 경험들이 현재 일을 하는데 도움을 주는 것을 말한다. 어떻게 신발 끈을 묶거나 자전거를 타는지에 대해 인지하지 않고서도 잘 할 수 있게(기억할 수 있게) 해 주기 때문에 비서술기억을 다른 말로 절차기억이라고도 한다.

서술기억은 쉽게 형성되고 쉽게 잊어버리지만, 절차기억은 계속되는 반복과 연습을 통해 형성되고 훨씬 더 오래 기억된다. 예를 들면 '강원도는 대한민국의 동쪽에 있다'라고 한 번만 정보를 알려주면 바로 알 수 있으나, 자전거를 타는 법을 배우려면 시간이 걸리고 연습이 더 필요하다. 앞의 것은 서술기억이고 뒤의 것은 비서술기억에 속한다.

이런 뇌의 기억 기능이 영어교육에 어떤 의미를 줄까? 만약 영어교육으로 영어문장 구조에 대한 것을 일부러 생각하지 않고도 나올 수 있는 절차기억으로 만든다면, 영어로 말하기가 너무 쉬울 것이다. 생각하지 않고도 자연스럽게 영어가 술술 나오게 될 것이니 말이다.

모국어를 말할 때 '이것은 주어이고, 이것은 동사이고…'라고 생각하면서 말을 하는 사람이 있을까? 그렇게 생각하는 동안 상대방의 말은 이미 끝났거나, 기다리기 지쳐 대화가 중단될 것이다. 우리말로는 그냥 상대방이 말하면 내 대답이 자연스럽게 나온다. 이런 게 바로 비서술기억이다.

그런데 사람들은 일반적으로 우리말을 할 때는 자연스럽게 비서술기억을 이용하는데, 영어를 말할 때는 서술기억을 활용하게 된다고 한다. 사람들이 영어공부에서 암기했던 낱말과 문장을 가지고 말을 하는

사람들은 일반적으로 우리말을 할 때는 자연스럽게 비서술기억을 이용하는데, 영어를 말할 때는 서술기억을 활용하게 된다고 한다.

것이다. 그러다 보니 영어로 기억해야 할 게 더 많아지고, 말하기가 점점 더 어려워진다.

어떻게 하면 서술기억을 절차기억으로 바꿀 수 있을까? 로버트 드 카이저 교수는 연습이 학생들의 서술기억을 절차적 지식으로 바뀌게 도와준다고 한다. 즉 단순한 영어 지식과 문법을 아는 것을 넘어 그 말을 사용할 때마다 자동으로 사용할 수 있도록 반복적으로 연습하는 게 중요하다는 것이다. 영어를 잘하고 싶다면, 반복적으로 청크를 연습하여 언어를 구사하는 것과 동시에 그것이 실제 상황에서 의미있게 사용되도록 하는 것이 핵심이다. 또 영어에 대한 노출시간도 매우 중요하다.

우리는 학교에서 얼마만큼의 영어 시간을 가지는가? 이 시수는 초·중등교육에 걸쳐 학자마다 조금씩 다르지만 보통 820~1020시간 쯤으로 계산된다. 언어가 습득되는 1만 시간에 비교하면 우리가 영어에 노출되는 시간은 절대적으로 부족하다. 그런데 그 부족한 시간에 우리의 중등학교에서는 주로 읽기와 쓰기에 기반한 영어를 하고 있다. 당연히 영어를 잘 할 수 없다.

4) 외국식 교수법의 함정

사범대학에서 배우는 교수법은 한국어의 특징을 배제한 영미권 국가의 영어교수법에 대해 강의하고 배운다. 그런데 연구팀의 중등학교 교사는 이렇게 배운 영어 교수법은 어느 것 하나도 현장에 쓸 수 없다고 한다.

여러 가지 교수법과 수업모형에 대해 배우기도 한다. 하지만 이런 의사소통 기반 교수법, 문제 해결 학습, 과업 중심 교수법, 구성주의에 기반한 21세기 교수법은 임용시험 문제를 풀기 위한 것에 지나지 않는다.

우리의 학교는 ESL(English as second language)영어를 제2 언어로 배우는 환경이 아니라 EFL(English as foreign language)영어를 외국어로 배우는 환경이다. 즉 학교 밖은 영어가 아닌 한국말로 하는, 우리는 영어가 외국어인 환경을 가진 나라인데 실제적으로는 영어를 쓰는 나라를 전제한 ESL교수법이 최고인양 가르쳐지고 있는 것이다. 이렇다보니 어느 것 하나도 우리 교육 현장에서는 쓸 수 없는 교수법이 사용되고 있다.

이런 현실에서 맞지 않는 교수법과 오직 평가가 중심이 된 영어 교육 현장이 학생들을 더 황폐화시키고 있다. 단순히 줄을 세우기 위한, 대다수의 학생보다는 일부 학생들의 스펙을 높이기 위한 평가방식도 문제이다. 우리나라와 맞지 않는 교수법으로 가르치는 상황이다 보니 과도한 선행학습이 성행하게 되고, 이에 따라가지 못하는 학생들은 자괴감에 빠질 수밖에 없는 현실이다.

또한 영어에 대한 국민적 관심사와 기대가 한없이 올라가면서 TEE[6] 영어, 즉 영어를 온전히 영어만으로 가르치는 방법이 유행했었고, 아직도 그렇게 하는 곳도 많다. 영어에 대한 흥미는 일차적으로 내용을 아는데서 출발한다. 그런데 수업내용이 무엇인지도 모른 채 앉아있는 학생들이 그것에서 흥미를 느끼기란 매우 어렵다. 그런 상황에서 어떻게 배움이 일어나겠는가? 수업을 영어로 진행하는 것이 중요한 것이

---

6) TEE: Teaching English in English

아니라 학생들이 수업내용을 잘 이해하고 따라오는지가 중요하다.

영어회화가 안 되는 학생들에게 교사가 영어로만 수업을 진행하는 것은 그들에게 언어폭력에 가까운 영향을 끼친다. 영어가 혐오스러운 순간이 되는 것이다.

5) 수능에서 어법 문제 사라짐

이런 문제를 인식한 영어 교육계는 대표적인 평가, 즉 수능에서 어법을 최소화하기로 하였다. 수학능력시험 문제를 담당하는 한국교육과정평가원의 출제위원들 간에 이제는 어법 문제를 아예 없애자는 의견이 있었지만, 논의 결과 45문제 중 한 문제만을 남기기로 결정했다고 한다. 다행히 이런 노력을 통해, 영어교육은 독해력과 듣기 능력이 좀 더 중요시 되는 풍토로 바뀌고 있다. 그러나 여전히 영어 공부를 한다는 학생이나 일반 학습자는 어법 용어로 범벅된 책과 강의를 통해 다시 패닉 상태로 빠지는 것이 현실이다.

영어의 4대 시험인 토익(TOEIC), 토플(TOEFL), 텝스(TEPS), 아이엘츠(IELTS)도 주로 독해와 어휘력을 묻는 문제들이다. 어법을 묻는 문제는 없다. 그런데도 우리는 수능시험의 한 문제 때문에 어법을 공부해야 할까?

> 그러나 여전히 영어 공부를 한다는 학생이나 일반 학습자는 어법 용어로 범벅된 책과 강의를 통해 다시 패닉 상태로 빠지는 것이 현실이다.

Ⅲ | 영어는 늘 어렵다?

1 밑빠진 독에 물 붓기

영어가 전 세계적인 언어라는 것에 이의를 제기하는 사람은 아마도 없을 것이다. 세계적인 큰 행사나 국가 간 공식적인 자리에서도 공용어로서의 위용을 과시하기도 한다. 21세기를 살아가는 우리는 인터넷을 통해 세계가 하나로 연결되고, 대부분의 중요한 정보들이 영어로 쏟아지고 있음을 체감한다. 얼마 전 열린 2018 평창올림픽에서 영어의 영향력을 더 특별히 온몸으로 느꼈을 것이다. 이 책의 저자도 KTX를 타고 강릉과 서울을 오가면서 세계에서 방문한 다양한 국적의 사람들이 거리에 넘쳐나는 것을 목격할 수 있었다. 그리고 열차시간이나 관광에 대한 모든 정보는 영어와 한글로 동시에 제공되었고, 곳곳에 외국인 관광객을 위한 부스에서도 영어안내는 필수였다. 아마도 평창 올림픽을 위한 자원봉사에 지원할 때도 영어를 할 수 있느냐 없느냐가 매우 중요한 지표로 사용되었음을 굳이 확인하지 않아도 알 수 있다. 뿐만 아니라 SNS나 각종 미디어를 통해 중요한 세계 행사나 문화를 접할 기회가 더 많아지면서 영어는 그 자리를 더욱 굳건히 하고 있다.

실제로 한국에서 취업을 하려해도 영어의 존재감은 막강하다. 많은 우리나라 학생들은 이미 초등학교부터 60% 이상의 학생들이 영어 사교육을 시작하게 된다.

기업들이 일정 수준 이상의 영어구사 능력을 요구하는데, 이를 증명하는 공인영어시험의 점수가 점점 높아지고 있다. 또 대학수학능력시험에서 영어 평가(절대평가로 바뀌었지만)는 인문계나 자연계 학생들 모두에게 여전히 필수적이다.

이런 이유들로 대학입시나 취업에서 요구하는 영어 성적을 얻기 위해 사람들이 많은 노력을 기울이다보니 다양한 사교육 형태가 나타나게 되었다.

대한민국의 교육 분야에서 가장 많이 투자되고 있는 과목은 무엇일까? 굳이 말하지 않아도 이미 정답을 알고 있지 않을까? 그렇다. 예상한대로 영어이다.

먼저 초·중등학교 학생들이 얼마나 어디에 투자하고 있는지 살펴보자. 교육인적자원부는 2007년, 사상 처음으로 2회에 걸쳐 전국 사교육실태를 조사하였다. 그 결과(2008.2.23.)에 따르면 초·중등학교 전체 77%의 학생들이 사교육을 받고 있었다. 그 과목별 비율은 수학과 58.6%, 영어과 55.6% 순으로 나왔는데 그 수치가 거의 비슷하다. 영어과 사교육을 자세히 들여다보면, 초등학생은 60.7%가 영어 사교육을 하고 있는 것으로 나타났다. 중학생은 65.9%의 학생들이 영어 사교육을 받는다. 고등학교 학생(일반고)은 40.3%의 학생이 영어 사교육을 받는 것으로 나타났다. 우리나라 학생들은 이미 초등학교부터 60% 이상의 학생들이 영어 사교육을 시작하게 된다는 결론을 얻게 된다. 학생들이 사교육을 받는 목적은 초등학생에겐 의사소통이었으며, 학령이 올라가면서 영어시험 성적 향상이라고 나타났다. 이 두 가지 통계적인 수치만 보더라도 영어 사교육은 학생들의 입시문제와 매우 밀

접한 관계를 가지고 있으며 많은 학부모들과 학생들은 사교육에 매달리고 있다[7]는 것을 알 수 있다.

이제 성인들의 통계자료를 보자. 아래 그래프에서 20－50세대, 대부분의 사람들이 영어를 공부하고 있거나 공부할 계획을 가지고 있다는 것을 알 수 있다. 이는 우리 사회에서 영어가 가지고 있는 중요성을 모두 인식하고 있다는 것을 뜻한다. 대한민국 사회에서 영어는 진학, 취업, 승진, 연봉인상, 대외적인 인정 등 여러 분야에서 그 영향력이 매우 크기 때문이다.

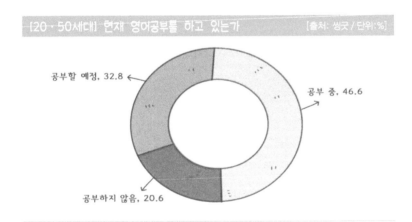

[20~50세대] 현재 영어공부를 하고 있는가   [출처: 씽굿 / 단위:%]

공부할 예정, 32.8
공부 중, 46.6
공부하지 않음, 20.6

이렇게 많은 사람들이 자신의 영어 실력을 향상시키기 위해서 사교육에 참여하고 있고, 아래 통계 자료처럼 많은 비용과 더불어 시간과 노력을 쏟아 붓고 있는 것을 확인할 수 있다.

---

7) 영어 사교육과 영어 성적과의 상관관계 연구(대학수학능력시험을 중심으로), 이상욱, 2010

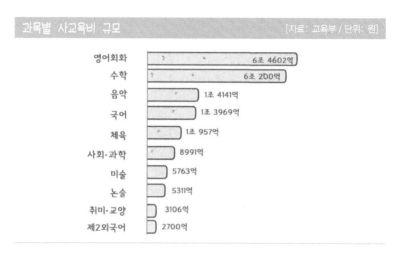

가구소득별 영어 사교육 현황		[자료: 한국개발연구원(2012) / 단위: 원, %]
가구소득	월평균지출	사교육참여율
99만원 이하	1만 6천	19.6
100만~199만	2만 9천	29.7
200만~299만	5만 3천	46.5
300만~399만	8만 2천	57.9
400만~499만	10만 2천	63.1
500만~599만	12만 8천	68.4
600만~699만	14만 3천	70.7
700만원 이상	16만 3천	69.4

이들 통계자료는 우리가 얼마나 많은 돈을 어릴 때부터 영어교육에
투자하고 있는지를 잘 보여준다. 그런데 과연 투자한 만큼 그 결과가
잘 나오고 있을까?

요즘 언론에서 어린이 영어유치원의 부정적인 측면에 대한 기사를
자주 접할 수 있다. 한 때는 몰입식 영어교육 붐이 일었고, 영어를 더
잘해야 한다는 부모의 지나친 교육열로 인해 너무 어린 아이들이 영어
로만 생활하는 유치원으로 내몰렸다. 모국어도 제대로 익히지 못한 어

린아이들이 외국어를 배워야하고 그것도 모자라 하루 종일 영어만 사용하면서 생활해야 하는 것은 아동에게 또 다른 스트레스 상황을 제공해 줄 수 있다. 연구팀은 초등학교 입학 전에 영어 유치원에 다녀 영어를 싫어하게 된, 한 초등학생의 기사를 인터넷을 통해 접했다. 이 아이의 어머니는 "아직 우리말이 완벽하지 않은데, 또 다른 언어를 배워야 한다는 점이 스트레스로 작용한 것 같다. 공부 욕심이 많은 본인의 아이가 같이 수업을 듣는 친구들과 늘 비교하며 자신의 영어 실력이 부족하다는 점에서 부담을 느꼈다"고 했다[8]. 또한 학교 교사들 사이에서는 지나치게 어린 나이에 영어 학습 비디오를 쉬지 않고 보여주었기 때문에 비디오 중후군을 앓고 있는 학생들이 있다는 이야기가 심심찮게 들려오기도 한다.

　다음은 영어에 투자한 결과를 보여주는 흥미로운 통계자료다. '스스로에게 매기는 영어 수준 평점'에 대한 결과를 보자.

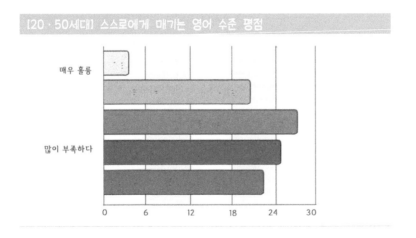

[20 · 50세대] 스스로에게 매기는 영어 수준 평점

8) 조선일보.2010.3.2

대부분의 사람들은
자신의 영어 실력이 '좋지
않다, 많이 부족하다, 만
족하지 못한다'고 응답
하는 것이 매우 놀랍다.

자신의 영어 실력에 아주 만족하는 즉, 자신의 영어 실력이 '매우 좋다'고 생각하는 사람들은 극히 드물고, 대부분의 사람들은 자신의 영어 실력이 '좋지 않다, 많이 부족하다, 만족하지 못한다'고 응답하는 것이 매우 놀랍다. 이러한 자신감 부족, 만족감의 부재는 다음 통계의 결과와도 일맥상통한다.

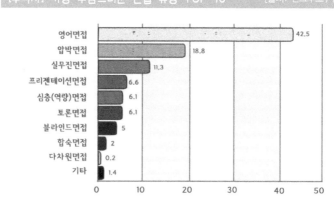

[구직자] 가장 부담스러운 면접 유형 TOP 10 [출처: 인크루트 / 단위: %]

면접 유형	%
영어면접	42.5
압박면접	18.8
실무진면접	11.3
프리젠테이션면접	6.6
심층(역량)면접	6.1
토론면접	6.1
블라인드면접	5
합숙면접	2
다차원면접	0.2
기타	1.4

위 그래프는 현재 직업을 구하고 있는 구직자들에게 가장 부담스러운 면접 유형에 대해 물어 본 결과이다. 보다시피 상당수의 응답자들, 무려 42.5%가 가장 부담스러운 면접 유형으로 영어면접을 꼽았다. 이는 지원자가 답하기 곤란한 질문을 하거나 지원자의 약점을 파고드는 '압박면접(18.8%)'보다 훨씬 상회하는 수치이다.

반면, 가장 자신있는 면접 유형이 무엇이냐고 물었을 때 영어면접이라고 대답한 사람은 0.5%에 그친다. 참으로 안타까운 결과이다. 그렇다면, 이미 취직을 한 직장인들은 과연 어떤 생각을 가지고 있을까?

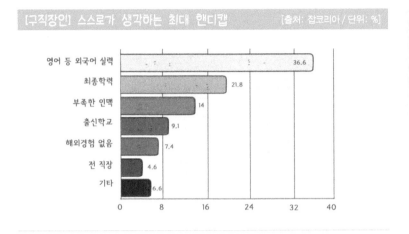

[구직장인] 스스로가 생각하는 최대 핸디캡　　　　[출처: 잡코리아 / 단위: %]

영어 등 외국어 실력	36.6
최종학력	21.8
부족한 인맥	14
출신학교	9.1
해외경험 없음	7.4
전 직장	4.6
기타	6.6

직장인들 스스로가 가장 많이 느끼는 핸디캡으로 꼽은 것이 바로 영.어.실.력.이다.

위 그래프는 직장인들에게 스스로가 생각하는 자신의 최대 핸디캡이 무엇인지 물은 질문에 대한 응답 결과이다. 그래프에서 압도적으로 나온, 직장인들 스스로가 가장 많이 느끼는 핸디캡으로 꼽은 것이 바로 영.어.실.력.이다. 정말 참담한 현실이 아닐 수 없다.

이상의 통계자료를 종합해 보면, 영어가 가지고 있는 영향력과 그 힘을 많은 사람들이 인식하고, 영어 실력을 신장시키기 위해서 많은 시간과 돈, 노력을 투자하였음에도 불구하고 영어학습자들은 늘 영어 실력향상에 목말라하고 자신감도 없다. 그러니 자신이 만족할 만한 영어실력도 나오지 않는다.

그 원인은 무엇일까? 많은 사람들이 영어 공부를 중요하게 여겨 돈과 시간을 많이 투자하는데도 왜 그들의 영어는 늘지 않는 것일까?

어순이 다르다는 것을 인식하고 그 감각을 살리는 영어식 사고에 익숙해져야 한다.

2 당신이 아직까지 영어에서 벗어나지 못하는 이유

1) 어순이 다르다

국어와 영어는 서로 다른 부모를 가지고 있는 매우 다른 언어이다. 국어가 '나는(주어) 밥을(목적어) 먹으러 간다(동사)' 순 이라면, 영어는 'I(주어) am going to go(동사) to eat(목적어)'로 한 문장 내에서 문장을 구성하는 단어들이 나오는 순서가 다르다. 아래의 예를 살펴보면 이해가 잘 될 것이다.

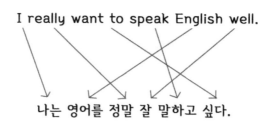

자, 어순이 달라서 생기는 문제점을 어떻게 해결할까? 해결 방법은 의외로 간단하다. 어순이 다르다는 것을 인식하고 그 감각을 살리는 영어식 사고에 익숙해져야 한다.

영어와 국어가 어떻게 다른지 그 구체적인 내용은 뒷장에서 다시 서술하기로 한다. 다만 이 책의 약속은 '청크 익숙해지기' 활동을 통해 여러분은 영어식 사고를 자연스럽게 익히고, 영어에 대한 근본적인 체계를 구축할 수 있다는 것이다. 그리하여 각종 시험이나 영어를 써야 하는 상황에서 자연스럽게 영어가 튀어나오는 것을 경험할 수 있게 될 것이다.

2) 외워야 할 단어가 많고, 듣고 말하고 읽고 쓸 때 시간이 많이 걸린다

영어공부의 기본은 사실 어휘력이다. 처음부터 끝까지 단어를 외워야 한다. 단어를 모르면 영어를 할 수 없으니 필수다. 그러나 그 많은 단어를 다 외우기란 여

간 어렵지 않다. 우리나라 초중고 교과서에 나오는 필수 영어 단어만 해도 3,000개 이상이다. 당연히 다 외워야 한다. 하지만 보통의 학생들은 외우기도 어렵고 단어를 다 외운다고 해도 적절하게 문장을 만들어 쓰기란 더 어렵다. 외운 단어를 조합해서 문장을 만들어야 하는데 관련 단어들을 찾아 나열하고 다시 연결하는 데 시간이 많이 걸려서 막상 대화를 제대로 할 수 없고 문장도 잘 완성되지도 않는다. 그러니 학습자는 점점 자신감을 잃게 되고 그만 포기한다.

왜 그럴까? 그 이유는 간단하다. 우리는 듣고, 말하고, 읽고, 쓸 때의 정보 처리를 단어 중심으로만 했기 때문이다. 이런 접근법은 당연히 속도가 느릴 수밖에 없다. 이제 이 책을 읽는 지금부터 단어 중심 학습에서 청크(의미단위)학습으로 바꿔야 한다. 영어로 말을 잘하는 사람, 듣기 잘하는 친구나 직장동료가 부러웠는가? 청크 학습으로 기존의 단어 학습법에서 벗어나 영어식 사고의 폭을 넓히는 아주 운명적인 만남을 이룰 수 있을 것이다.

지금부터 단어 중심 학습에서 청크(의미단위)학습으로 바꿔야 한다.

3) 낱개의 단어들은 들었는데, 전체적으로 무엇을 말하고자 하는지
   파악하기 어렵다

"듣기를 할 때, 개별 단어는 잘 들리는데 전체적으로 무슨 내용인지
쉽게 파악하기가 어려워요!"

이는 대부분의 영어 학습자들이 얘기하는 영어 공부의 어려움 중
하나이다. 근본적인 이유는 듣기를 할 때, 본능적으로 개별 단어에만
신경을 많이 써서 듣기 때문이다. 의미단위, 즉 청크로 듣는 것이 아니
라 단어단위에 집중해서 듣는다. 그러니 어쩔 수 없이 듣기의 내용이
길어지고, 그 내용이 길고 많아지니까 요지를 파악하기 어렵게 되는
것이다.

영어로 사고치자

영어로 사고치자

／말과 글은 사고와
문화를 담는 기본 틀이라
고 할 수 있다.

I │ 영어식 사고

1 관점의 차이를 이해하자

언어는 곧 사고방식이다. 모든 언어는 외부세계를 바라보는 나름의
관점을 갖고 있으므로 같은 현상이나 사실을 묘사하는 방법이 조금씩
다르다. 그것은 언어가 사용되는 환경과 문화의 영향을 받은 사고체계
가 다르기 때문이다. 말과 글은 사고와 문화를 담는 기본 틀이라고 할
수 있다. 즉 언어는 자연 환경과 문화의 영향을 받아 각기 다르게 형성
되어 있으며, 이렇게 형성된 언어는 다시 인간의 사고에 영향을 미치
고, 세계를 보는 가치관이나 세상을 인식하는 방식에 영향을 준다. 따
라서 세상을 보는 관점을 이해하면 말하는 방식(사고방식)을 좀 더 쉽게
이해하게 된다. 다음에서 몇 가지 관점의 차이를 알고 나면 영어와 국
어의 차이를 조금 이해하게 될 것이다.

／영어와 국어의 차
이점은 서양화와 동양화
의 차이점과 비슷하다.

영어와 국어의 차이점은 서양화와 동양화의 차이점과 비슷하다. 서
양화는 1초점, 즉 한 곳에서 보는 방향을 중심으로 그림을 그린다. 정
면이면 정면, 측면이면 측면, 위에서 내려다보는 것이면 위가 중심이

되는 것이다.

　반면 동양화는 초점이 여러 곳이다. 분명 풍경화를 그렸는데 위에서 본 듯하고, 아래에서 본 듯도 하며, 심지어 옆에서 본 듯하기도 하다. 이렇듯 복합적인 관점, 다 초점으로 표현하는 것이 동양화의 특징이다.

　아마도 서양인들은 풍경화든 정물화든 실제 모습을 놓고 그 앞에서 그리는 반면, 동양인들은 실제 풍경을 보고 그 풍경을 마음에 담아 집에 와서 그 풍경을 그리기 때문인 것 같다. 정선의 <금강전도>, 김홍도의 작품들을 비롯한 우리나라 그림들의 대부분이 그렇다.

　다음 그림들을 비교해 보자. 왼쪽 동양화는 김홍도의 <활터>이고, 오른쪽은 쇠라의 <그랑자트섬의 일요일 오후>이다. 김홍도의 그림은 마치 하늘에서 내려다 본 듯도 하고 아래서 보는 것 같기도 하다. 하지만 쇠라의 그림은 정확히 옆에서 그린 것임을 알 수 있다.

 김홍도 〈활터〉　　　　　　　　　쇠라 〈그랑자트섬의 일요일 오후〉 ▌

　다시 비교해 보자. 김홍도의 <씨름>은 위에서 본 듯도 하고 정면에서 본 듯도 하다. 하지만 폴 고갱의 <식사>는 정면에서 그린 것임이 명확하다.

영어는 정확하게
한 시점에서 말을 하는
데 국어는 여러 시점에
서 말하는 것 같다고나
할까?

┃ 김홍도 〈씨름〉   폴 고갱 〈식사〉 ┃

언어도 마찬가지인 것 같다. 영어는 정확하게 한 시점[9]에서 말을 하
는데 국어는 여러 시점[10]에서 말하는 것 같다고나 할까? 때로는 주어
도 없다, 아니 주어가 있어도 주체가 아닌데 능동문으로 쓴다. 영어식
사고에서는 도저히 이해 안 되는 것들이 국어로는 말이 되기도 한다.

"수고하십시오. 고생하십시오."

는 어떻게 영어로 옮겨야 정확할까? 우리나라 사람은 그 '느낌'을 잘
아는데 영어로 옮기자니 어려워진다.

영어는 단순하고 명확하다. '1＋1＝2'가 영어라면, 국어는 '1＋1'의
값이 '2'나 '3'도 될 수 있고, 때로는 그보다 훨씬 더 크기도 하다. 그렇
기 때문에 국어가 논리적이지 않다고 말하는 사람도 있다. 영어권의
논리적인 관점에서 '1＋1'은 '2'가 아닌 다른 수가 나온다는 것이 말도
안 되기 때문이다.

---

9) 여기서의 점은 1인칭 시점처럼 정확한 한 방향을 말한다.
10) 상대방 입장에서, 때로는 3인칭 관찰자 시점

정리하면, 영어는 정확하게 누가 무엇을 했는지를 한 문장으로 알수 있는데, 국어는 한 문장만으로는 그 뜻을 파악하기 힘들 때가 많아서 전체 문맥을 통해 이해해야 한다. 예를 들어 우리말로,

"나는 어제 머리를 잘랐어."

라고 말했다고 하자. 이 한 문장으로는 화자가 집에서 직접 머리를 잘랐는지 아니면 미용실에 가서 머리를 잘랐는지 알 수가 없다.

"그 미용실 머리 잘 하기로 소문났어. 예뻐?"

이렇게 말을 추가하면 '아하! 머리를 미용실에 가서 잘랐구나.'하고 알아들을 수 있다. 또는,

"내가 가는 미용실이 문을 닫아서 우리 엄마가 대충 잘랐어. 이상하지?"

라고 한다면, '아, 화자의 엄마가 잘랐구나.'라고 이해할 수 있다.

"내가 어제 공부하다가 머리가 눈에 걸려 조금 자르다가 이렇게 됐어. 어떡해?"

라고 하면 화자가 직접 자른 것임을 알 수 있다. '나는 어제 머리를 잘랐어'의 국어 한 문장은 이렇게 여러 가지 의미를 담고 있다. 그리고 사실 '머리'가 아니라 '머리카락'이라고 해야 영어와 뜻이 일치한다. 하지만 전체 문맥을 통해 인지하기 때문에 그 의미를 이해하는 데는 문제없다.

만약 위의 문장들을 영어로 표현하려면 어떻게 해야 할까? 영어로 는 모두 다르게 말해야 한다.

"I cut my hair yesterday."(나는 어제 머리를 잘랐어.)

"I got a haircut(have my hair cut) at a popular hair salon."

(나는 유명한 미용실에 가서 머리를 잘랐어.)

"My mother cut my hair yesterday."(어제 우리 엄마가 내 머리를 잘랐어.)

이렇게 말해야 오해의 소지가 없다.

다른 예로, 저자가 수업시간에 "이 옷은 작년에 샀어요." 라고 말하 고 "여기서 주어가 뭐니?" 라고 물으면 모든 학생들이

"이 옷은 이요" 라고 답한다.

"그럼 동사는 뭐지?"라고 하면 아무 의심 없이

"샀어요."라고 한다.

"그러면 이 옷이 샀니? 뭘?"이라고 물으면 학생들은 당황해 하면서

"아~ 산 게 아니라 사 졌네요?"라고 하며 머리를 긁적인다. 그럼 다시

"누구에 의해서?" 하면 "신랑이요?"

한다. 질문한 사람에 대해 자신이 알고 있는 배경지식을 이용하여, 저자가 결혼했으니까 당연히 '남편이 사줬겠지'라고 추측을 한다. 아 니면 뒤에다

"응, 우리 신랑이 작년 내 생일에." 라고

붙여야 명확해 진다. 그런데 영어는 'bought'의 주체를 한 문장 내에서 정확하게 밝힌다.

"My husband bought this dress for me on my birthday last year."

"This dress was bought for me by my husband on my birthday last year."

이렇게 말이다. 'This dress bought last year.' 이라는 영어문장은 국어로는 말이 안 된다. 왜냐하면 영어로는 '이 옷은 작년을 샀어.'라는 뜻이 되기 때문이다. 앞서 우리말로 '이 옷은 작년 내 생일에 나의 남편에 의해 사 졌어.'라고 하면 웃기는 문장이 되듯 말이다.

영어에 비해 우리말은 정확성이 떨어진다고 느낄 수 있다. 이런 차이점을 몇 가지 현상으로 설명해 보겠다.

먼저, 관사11)의 활용이다. "너 어제 어디서 놀았니?" 라는 질문에 "집!" 이라고 한 마디만 해도 우리나라 사람들은 척척 알아듣는다. 누구의 집인지 명확히 밝히지 않아도 대답하는 사람의 집인 줄 안다. 게다가 '집'이라는 단어를 듣는 순간 아래와 같이 집과 관련된 수많은 이미지들을 한꺼번에 떠올리고 처리하며 연결시킨다.

"너 어제 어디서 놀았니?" 라는 질문에 "집" 이라고 한 마디만 해도 우리나라 사람들은 척척 알아듣는다.

---

11) 영어에서 명사 앞에 놓여 수, 성, 격 등을 나타내는 말로 a, an, the 등이다. 〈출처: 다음 사전〉

하지만 영어권 사람들의 사고방식은 좀 다르다. 그냥 'house'라는 대답으로는 충분하지 않다.

'어제 어디서 놀았니?'라는 질문의 대답에는 최소한 'in the house'정도는 해 줘야 아래와 같이 집과 거기에 존재하는 공간을 머릿속으로 그리는 것이 영어권 사람들의 사고방식이다.

하지만 영어권 사람들의 사고방식은 좀 다르다. 그냥 'house'라는 대답으로는 충분하지 않다. 잘 알아듣지 못할 것이다. 게다가 영어에서 'house'는 일반적인 주택의 형태를 이르는 말이라서, 우리가 말한 그 집이 아파트였다면 'apartment'라고 해야 한다. 영어권 사람들은 'house'를 듣는 순간, 그들은 집이라는 단어 혹은 개념으로밖에 받아들이지 못한다. 최소한 'a house'와 같이 최소한의 관사를 붙여야 아래와 같이 실존한다고 생각한다.

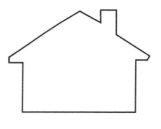

그나마 이 상황에서는 어떤 집인지 명확히 밝혀야 한다. 'the house'나 'that house'도 앞의 대화에서 명확히 밝힌 경우에만 사용할 수 있다. 'my house'나 'James' house' 등으로 명확히 해야 한다. 영어를 비롯한 유럽계열 언어들은 관사가 없으면 실물이 존재하지 않는 것으로 간주하기 때문에 상당히 중요한 개념이다. 더 나아가 '집'에서 놀기 위해서는 소위 '공간'이 필요하다. 하지만 'the house'에는 이 공간조차 마련되어 있지 않기 때문에 이 공간의 존재를 'in'으로 꼭 써 줘야 한다. 즉 '어제 어디서 놀았니?'라는 질문의 대답에는 최소한 'in the house'정도는 해 줘야 아래와 같이 집과 거기에 존재하는 공간을 머릿속으로 그리는 것이 영어권 사람들의 사고방식이다.

다른 예를 들어 보자. 우리는 보통 "나 어제 인터뷰하고 왔어." 이렇게 말한다. 그런데 이 말로는 내가 면접자인지 피면접자인지 구별이 되지 않는다. 상황에 따라 듣는 사람이 알아서 해석을 하게 된다. 하지만 영어로 이야기하면 이것이 명확히 밝혀질 수밖에 없다. 면접자라면

"I interviewed some ones yesterday."라고 해야 하고, 피면접자라면

"I was interviewed yesterday."

라고 해야 한다. 즉 동사의 행위에 대한 주체와 대상이 명확히 구별되어야 한다.

이 외에도 우리말보다 더 정확하게 표현하는 예는 수도 없이 많다. 자유로운 영어의 구사를 위해서 좀 더 깊이 있는 이해가 필요하다.

> 서양인은 겉으로 드러나는 모습이나 기능이 같으면 서로 같다고 보고, 동양인은 근본 성질이나 본질이 같아야 서로 같다고 생각한다.

2 사물을 보는 시각의 차이를 이해하자

서양인은 겉으로 드러나는 모습이나 기능이 같으면 서로 같다고 보고, 동양인은 근본 성질이나 본질이 같아야 서로 같다고 생각한다. 즉, 서양 사람들은 기능과 역할을 중심으로 사물을 파악하고, 동양 사람들은 본질을 중심으로 사물을 본다는 것이다.

EBS의 한 다큐멘터리에서 흥미로운 실험을 했다. 사람들에게 나무 재질로 된 원기둥을 하나 보여주고, 보기의 사물 중에서 앞서 보여준 것과 같다고 생각하는 것을 고르라는 실험이었다. 결과가 어떻게 나왔을까?

서양인들은 앞서 보여준 모양과 같은 파란색 원기둥을 골랐고, 한국인들은 나무 재질이지만 모양은 사각기둥인 것을 골랐다. 사람들에

서양은 단도직입적으로 의사를 표명하는 데 반해 동양은 우회하여 조심스럽게 자신의 의사를 전하는 경향이 있다.

게 그 이유를 설명해 보라고 하였다. 영어권 사람들은 자기가 고른 것이 원래 보여준 것과 모양은 같고 색깔만 다를 뿐이라고 말했고, 한국인들은 모양은 다르지만 같은 나무 재질이라서 그것을 선택했다고 하였다.

위의 사례는 서양인들은 겉으로 드러나는 모습이나 기능이 같아야 동일하게 여긴다는 것을 알려주는 좋은 예이다. 이런 사고는 언어에도 나타난다. 영어의 'hot'은 '뜨거운, 더운'의 뜻이다. 그런데 '매운'이라는 뜻도 있다. 그들이 생각하기에 더울 때와 매울 때 우리 몸에서 나타나는 증상은 같다. 그래서 열이 나고 화끈거리는 증상이 'hot'으로도 설명이 되는 것이다. 영어에서 하나의 단어가 여러 가지 의미를 가지는 이유가 여기에 있다.

우리말로 '(옷을)입다, (귀걸이나 목걸이를)걸다, (신발을)신다, (반지를)끼다, (팔찌나 시계를)차다'의 다양한 어휘를 영어는 'put on'이나 'wear'로 간단히 표현한다. 이들 단어는 착용하는 모든 동작을 의미하기 때문에 가능하다. 영어는 기본적인 단어의 기능이나 역할을 하는 의미를 정확히 알면 다양한 의미로 확장된 영어의 뜻을 더 잘 이해할 수 있다.

이렇게 영어에서는 기본적인 의미를 알고 있으면 처음 보는 단어도 쉽게 그 의미를 추측할 수 있는 것들이 있다. 'view'가 '보다'라는 의미인 것을 누구나 알고 있다. 그리고 'tele'는 '먼, 멀리'라는 뜻을 가지고 있다. 그래서 'television'이라고 하면 멀리서 보는 것, 즉 '텔레비전'이다. 'telephone'도 그런 이치로 '멀리서 듣는 것'이다.

서양은 단도직입적으로 의사를 표명하는 데 반해 동양은 우회하여 조심스럽게 자신의 의사를 전하는 경향이 있다. 서양인들은 자신의 의사를 매우 직설적으로 말한다. 어릴 때부터 자신의 의견을 분명하게 표현하는 교육을 받기 때문이라고 한다. 그들에겐 식사 메뉴를 포함하여 간단한 학용품 하나에도 선택권을 가지며, 어른들은 아이의 의견을 존중한다. 하지만 우리나라 아이에게는 선택권이 잘 주어지지 않는 것 같다. 장난감마저도 대부분 엄마가 최상의 것을 선택해서 준다. 아이들이 어떤 것이 더 나은지 결정하지 못한다고도 보지만, 자녀를 위해 항상 최고의 것만을 제공하기 위함도 있다.

　우리나라에선 사람들이 자신의 주장을 강하게 말하면 오히려 성격이 강하다고 비난받기 일쑤다. 영어권 사람들은 의사를 분명히 표현하고 토론하는 것을 좋아하지만 우리는 말이 많고 비판의식이 강하다고 여겨 좋게 보지 않는다. 그렇다보니 되도록 자신의 의견을 강하게 표현하지 않고 우회적으로 표현하는 데 익숙하다. 이러한 사고방식은 언어로도 표출되는데, 영어는 말하고자 하는 중요한 핵심(서술어)을 먼저하고, 수식어구들은 뒤에 말하는 경향이 아주 강하다. 하지만 국어는 서술어나 변두리 얘기를 먼저 하고, 말하고자 하는 핵심(서술어)은 뒤에 온다. 예를 들어, 국어에서는

　　"나는 돈보다 시간이 더 중요하다고 생각해."

　라고 자신의 생각을 핵심 표현 뒤로 나타내지만,
　　"I consider time is more important than money."

　영어는 'I consider ~'로 먼저 자신의 의사를 분명히 하고 '무엇을'이라는 따라오는 말들이 뒤에 온다.

우리나라에선 사람들이 자신의 주장을 강하게 말하면 오히려 성격이 강하다고 비난받기 일쑤다.

영어는 핵심내용을
먼저 말하고 뒤에 그 근거
를 하나하나 들어 설명
한다.

다음은 2018 평창 동계올림픽 개막식에서 한 토마스 바흐 IOC위원 장의 개막식 연설의 일부이다.

You will inspire us/ by competing/ for the highest honor/ in the Olympic spirits/ of excellence, respect and fairplay.//

(여러분은 우리에게 심어줄 것이다/ 경쟁함으로써/ 가장 높은 숭고함을 위해/ 올림픽 정신에서/ 탁월함, 존경 그리고 정정당당함의//)

그는 가장 전하고 싶은 '여러분이 우리를 고무시킬 것이다'라는 표현을 먼저 한다. 그리고 어떻게? 무엇을? 하는 구체적인 내용은 다음에 온다. 우리말로는 다음과 같이 해석된다.

"여러분은 탁월함과 존경 그리고 정정당당하게 경쟁함으로써 숭고한 올림픽정신을 우리에게 심어줄 것입니다."

이처럼 영어는 핵심내용을 먼저 말하고 뒤에 그 근거를 하나하나 들어 설명한다.

3 문화의 차이를 이해하자

서양은 다분히 개인주의다. 반면 동양은 공동체 중심이라 할 수 있다. 서양 사람들은 사람이나 사물 그 자체의 내부 기질을 중요시하지만 동양은 주위의 환경이나 상황을 종합적으로 고려한다.

바람이 든 풍선이 날아가는 그림을 보여준 후, 서양인들에게 풍선이 왜 날아갔냐고 물으면 대부분이 '풍선의 바람이 빠져서'라고 대답

한다고 한다. 풍선 내부의 변화로 인해 위치가 이동한다고 생각한다는 것이다. 그러나 동양인들의 대답은 다르다. 대부분 '바람이 불어서 풍선이 날아갔다'라고 답한다는 것이다. 동양인들에게 하나의 현상은 그 개인만의 문제가 아니라 외부의 영향을 받는다는 것에 중점을 둔다. 즉 서양은 개인에 중심을 두고 동양은 주위 환경이나 공동체의 상호작용을 중요시한다고 볼 수 있다.

어느 대학교 캠퍼스에서 한국의 학생들에게 '나는 ○○○ 이다.'라는 문장의 빈 곳을 완성하라는 과제가 주어졌다. 한국인들은 '나는 학생이다', '나는 동아리원이다', '나는 학생회 간부이다' 등 대부분 공동체의 일부로 표현했다. 반면에 서양인들은 '나는 친절한 사람이다', '나는 행복한 사람이다', '나는 똑똑한 사람이다'로 글을 완성했다고 한다. 영어권 사람들은 어떤 공동체의 일원으로서가 아니라, 자신의 성격이나 강점 등 개인의 특징에 중심을 두었다.

이런 성향은 언어의 표현에서도 명백히 드러난다. 우리는 우리나라, 우리 엄마, 우리 동생 등 '우리'라는 표현을 쓰는 데 너무나 익숙해져 있다. 하지만 영어는 'my mother', 'my country', 'my sister'로 쓴다. 더구나 영어는 법적으로나 생물학적으로 진짜 엄마가 아니면 'mother'라고 하지 않는다. 하지만 우리나라는 친구의 엄마도 엄마고, 조금 나이 많으신 여자 분들에게 흔히 '어머니' 또는 '할머니'라고 부르기도 한다. 나보다 나이 많은 사람에게는 흔히 '언니'나 '오빠'라고 부르는 것이 일반적이다. 그것이 아무렇지도 않게 통용되며 이의를 제기하는 사람도 없다. 하지만 영어는 'siblings(혈연관계의 형제나 자매들)'을 제외한 어느 누구에게도 'sister'나 'brother'라고 부르지 않는다.

> 영어권 사람들은 어떤 공동체의 일원으로서가 아니라, 자신의 성격이나 강점 등 개인의 특징에 중심을 두었다.

동양은 늘 상대방을 배려하는 것을 미덕으로 여기지만, 서양은 상대방보다는 자신의 입장을 정확히 표현하는 것을 중요시하는 문화이다.

종교적인 측면에서 보자. 서양은 기독교 문화 속에서 모두가 하나님의 자손으로 형제요, 자매다. 즉 모두가 평등한 관계를 이루고 있다. 그래서 나이에 상관없이 친구가 된다. 하지만 동양은 유교문화로서 예의가 중시되고 위계질서가 분명하다. 영어권에서는 옆집 할머니와 어린 아이가 친구가 될 수 있다. 심지어 윗사람들의 이름을 스스럼없이 부른다. 그들은 형제나 자매도 서열에 상관없이 서로 이름을 부른다. 하지만 유교문화인 우리나라에선 옆집 할머니와 친구가 될 수 없다. 어른의 이름을 부른다거나 어른에게 존댓말을 쓰지 않으면 버릇없고 무례하다는 낙인이 찍힌다.

영어에서 나 아닌 상대방은 모두 (어머니나 할아버지, 언니, 동생, 심지어 직장 상사도) 'You'로 칭한다. 하지만 우리나라에서 어머니나 직장 상사를 '너' 또는 '당신'으로 칭한다는 것은 막나간다는 뜻이다. 영어엔 완곡하게 예의를 갖춘 표현은 있지만 '경어'가 없다.

동양은 늘 상대방을 배려하는 것을 미덕으로 여기지만, 서양은 상대방보다는 자신의 입장을 정확히 표현하는 것을 중요시하는 문화이다. 이것은 특히 부정의문문에서 차이가 정확히 드러난다.

"Don't you like playing soccer?"(축구 좋아하니?)

라고 물으면 우리나라 사람들은 무의식중에

"No, I do.(아니, 좋아해)" 또는 "Yes, I don't.(응, 안 좋아해.)"

라고 답을 한다. 하지만 영어는

"Yes, I do" 또는 "No, I don't."

로 대답해야 한다. 영어는 'Do you like playing soccer?'로 물으나 'Don't you like playing soccer?'로 물으나 대답하는 사람의 입장에서 좋아하면, 'Yes, I do.' 싫어하면, 'No, I don't.'라고 대답하면 된다. 하지만 국어는 질문하는 상대방의 입장에서 대답하기 때문에 '축구 좋아하니?'라고 물을 때와 '축구 좋아하지 않니?'라고 물을 때 대답이 다르다. '축구 좋아하지 않니?'라고 묻는 사람의 입장에서 좋아하지 않느냐고 물었으니 '그래, 안 좋아해.' 또는 '아니, 좋아해.'라고 대답하게 된다.

우리는 동양적 사고에 이미 익숙해져 있어서 이러한 서양적 사고에 친숙해지는 데 많은 노력이 필요하다.

나에게 정말로 영어가 필요한지, 만약 필요하다면 어떤 영어가 필요한지 곰곰이 생각을 정리해 볼 필요가 있다.

Ⅱ | 문해력을 높이는 영어

1 literacy(문해력)가 왜 중요한가?

나에게 정말로 영어가 필요한지, 만약 필요하다면 어떤 영어가 필요한지 곰곰이 생각을 정리해 볼 필요가 있다. 목적이 명확해야 한다는 얘기다. 우리나라에서 목표로 삼는 영어는 시험에서의 고득점이나 유창한 생활영어에만 머물러 있는 경우가 많다. 하지만, 글로벌 시대에 걸맞는 경쟁력이 있는 영어는 좀 달라야 한다.

언어를 단순히 말만 통하면 되는 것으로 가볍게 생각할 수도 있지만, 언어는 고차 원적인 정보를 남거나 정리할 수 있으며, 우리의 생각

언어능력(literacy)은 단순히 말할 때의 '유창함'만으로 충분히 설명되지 않는다.

도 결국 언어를 통하여 이루어지기 때문에 언어의 깊이가 곧 생각의 깊이로 직결되고, 이는 곧 개인의 지적 능력수준을 반영한다. 우리가 경쟁력 있는 영어를 하기 위해서는 이런 관점을 적용해야 할 필요가 있다.

개인이 구사하는 언어의 수준은 곧 그 사회에서 어떤 영향력을 발휘할 수 있는가와 관련이 깊다. 이는 OECD가 회원국을 대상으로 조사하는 언어능력(Literacy)을 살펴보면 쉽게 이해된다. 이 조사에서는 성인들

level 5	논점을 정확히 파악
level 4	문맥의 종합적 이해
level 3	복잡한 문장 이해
level 2	문장간 연결이 가능
level 1	간단한 것 모두 이해
level 1 미만	기본적 소통 가능

의 모국어 능력을 아래와 같이 1단계 수준 미만(below level 1)부터 5단계 수준(level 5)까지 총 6단계로 구분한다.

사실상 아주 낮은 수준이라고 볼 수 있는 level 1에서도 일상생활에서의 의사소통은 아무런 문제가 없으며, 오히려 발음과 억양만 좋다면 그 언어를 완벽히 구사하는 것으로 보일 수 있다. 하지만 앞에서 봤다시피 언어능력(literacy)은 단순히 말할 때의 '유창함'만으로 충분히 설명되지 않는다.

게다가 여러 나라에서 제시한 이와 관련된 통계를 봐도 개인의 언어능력(문해력)이 높을수록 그 사회에서의 영향력이 큰 것은 물론이고, 취업률, 소득 등의 경제지표나 각종 사회활동의 수준이 높게 나타난다. 우리의 목표인 영어도 글로벌 사회에서의 역량과 직결되는 언어능력을 키우는 것이 되어야 한다. 'level 3, 4, 5' 등의 영어를 구사해야 영어권 사회 혹은 세계에서 경쟁력을 발휘할 수 있게 된다.

영어를 모국어로 하는 미국, 영국, 호주 등에 살고 있는 현지 원어민들도 절반 이상 사람들의 영어 능력이 'level 2' 이하인 경우가 많다. 게다가 문해력이 높은 언어의 중요성을 잘 모른다. 우리도 국어공부의 중요성을 잘 모르지 않는가? 이는 우리에게 충분히 기회가 될 수 있다는 뜻이다.

우리는 때로 글로벌 사회에서 지도층에 올라와 있는 사람들의 영어를 대할 때 발음에 한국식 악센트가 섞여 있으면 그 영어 능력을 폄하하기도 한다. 하지만 영어권에서는 발음 등이 유창하지 못해도 높은 'Literacy'의 영어를 구사하면 아무런 문제가 없다. 앞 장에서 이미 우리는 반기문 총장의 발음에 대한 한국인의 편견에 대해 생각해 보았다. 그의 연설을 들은 많은 외국인들은 그 내용을 극찬하지 않았는가? 반기문 총장이 하는 영어가 발음은 하찮게 들릴지 모르지만, 문해력 높은 영어라 할 수 있다. 그리고 때론 외국인이라는 정체성을 가진 발음이 오히려 더 이득이 될 때가 많다.

과연 문해력이 높은 영어를 구사하기 위해서는 어떻게 해야 할까? 영어가 언어로써의 경쟁력을 갖추는 'literacy'를 보유하려면 이 언어에 대한 깊은 이해가 필요하다. 이 깊은 이해는 평상시 대화에서는 크게 발현되지 않는다.

우리나라의 영어교육 콘텐츠는 언어능력(문해력)을 높이는 것을 목표로 하는 것이 아니라, 실제 소통과 관련없이 오로지 시험에서의 고득점을 목표로 하거나, 마치 완벽한 'level 1'을 만드는 것처럼 생활영어를 유창하게 구사하는 것에만 초점이 맞춰져 있는 것이 현실이다.

문해 그 과정은 무척 험난하다. 많은 시간과 노력을 기울이는 끈기

영어를 모국어로 하는 미국, 영국, 호주 등에 살고 있는 현지 원어민들도 절반 이상 사람들의 영어 능력이 'level 2' 이하인 경우가 많다. 게다가 문해력이 높은 언어의 중요성을 잘 모른다. 우리도 국어공부의 중요성을 잘 모르지 않는가? 이는 우리에게 충분히 기회가 될 수 있다는 뜻이다.

이해를 바탕으로 문해력 높은 영어를 추구하는 데 초석이 되는 점은 단어의 본질적인 영어식 이해와 우리말에는 없는 문장 구조 습득에 있다.

가 필요하다. 깊은 이해를 기반으로 해야 하는 영어를 단순히 '암기'를 통해 받아들이면 문해력이 높은 영어를 구사하기 어렵다. '이해'를 기반으로 영어를 '체화'해야 장기적으로 문해력 높은 영어에 도달할 수 있게 된다. 이것의 핵심은 바로 논리적 이해이다.

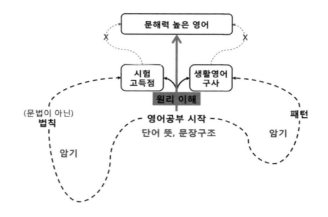

2 단어의 영어식 이해

이해를 바탕으로 문해력 높은 영어를 추구하는 데 초석이 되는 점은 단어의 본질적인 영어식 이해와 우리말에는 없는 문장 구조 습득에 있다.

그 방법의 예시를 보자. 일반적으로 'get'을 이해할 때 우리말로 받아들이면, 아래와 같이 수많은 뜻들이 존재하는 것으로 보인다. 이들을 별도로 외우거나 반복을 통해 하나씩 익숙해지며 'get'을 알아가지만, 이마저도 '얻다', '가지다' 등의 우리말 몇 개로 이미지를 형성해 버린다.

I got my phone for free.   내 전화 공짜로 얻었어.(얻다)

I got a new boyfriend.   새 남자친구 생겼어.(생기다)

I'll get there tomorrow.	내일 거기 도착할거야.(도착하다)
I got them as my partners.	그들을 내 파트너로 정했어.(정하다)
I am getting married.	나 결혼해.(하다)
I got it.	이해했어, 혹은 들었어.(이해하다, 듣다 등)

이런 방법은 비효율적일뿐더러 사실상 'get'을 이해하는 것도 불가능하다. 기본적으로 'get'의 본질적인 뜻은 여러 개가 아닌 '하나'이다. 그리고 이 기본 이미지를 '확장'하여 사용하는 것이다. 단지 그 본질적인 이미지를 우리말 단어로 바꿀 수 없을 뿐이다. 이제 'get'의 본질적인 영어식 뜻을 이해하면 어떤 놀라운 변화가 생긴다.

'get'의 영어식 뜻을 풀어서 설명하면, 움직임에 상관없이 주체가 가던, 대상이 다가오던 혹은 아무 움직임이 없더라도 뭔가 닿은(된) 그 순간을 표현하는 것이다. 물리적인 접촉(touch)만이 아닌, 심리적 및 추상적인 느낌을 모두 포함한다. 닿음으로써 상태가 변한 것도 포함된다. 그 발생한 순간을 모두 표현할 수 있는 단어인 것이다. 그래서 영어 단어 중 가장 포괄적인 상황에서 쓰인다.('get'뿐만 아니라 영어의 기본단어가 다 마찬가지이다.)

이렇게 주요한 영어 단어를 영어식으로 이해하게 되면 단어의 의미만 제대로 아는 것이 아니라, 숙어나, 문법 문제들도 자연스레 해결된다.

예를 들어, 'get'은 포괄적인 의미이기 때문에 대상에 미치는 영향력이 상대적으로 약하다. 따라서 뒤에 따라 오는 대상에 방향성만을 제시하는 'to 동사~' 등을 써야 한다.

이렇게 주요한 영어 단어를 영어식으로 이해하게 되면 단어의 의미만 제대로 아는 것이 아니라, 숙어나, 문법 문제들도 자연스레 해결된다.

우리말은 문장의 구조가 별로 중요하지 않다. 하지만 영어는 구조 없이는 완성될 수가 없다. 단어 습득보다 더 우선시 되어야 하는 부분이다.

get (상대적으로 약한 영향력) + 대상 + 'to 동사'나 '동사ing'

I got my son to drive.

는 주어인 내가 아들이 운전을 하게 했다는 의미이다. 강한 영향력보다는 자연스럽게 유도했다는 느낌의 문장이다.

반면에 'have'를 쓰면 느낌이 달라진다. 'have'는 아래와 같이 직접 쥐고 통제한 느낌을 가진 단어이기 때문에 뒤에 따라오는 대상에 강한 영향력을 미칠 수 있다. 그래서

 have (강한 영향력) + 대상 + '동사원형모양'

I had my son drive.

는 '내 아들이 운전하도록 만들었다'로 실제로 아들이 운전을 한 것이고, 그렇게 내가 만든 것이다. 그래서 대상 뒤에 '동사원형 모양'을 직접 쓴다.

위의 두 문장들을 우리말로 번역한다면 '내가 아들을 운전하게 했어'라는 비슷한 문장으로 보이지만, 영어식으로는 두 문장의 어감이 완전히 다르다. 이렇게 'have'나 'get'의 뜻만 제대로 알면 뒤에 따라오는 동사모양을 결정하는 문법들을 자연스럽게 받아들일 수 있게 된다.

이를 조금 더 확장해서 생각하게 되면, 영어 문장구조의 중요성을 알게 된다.

우리말은 문장의 구조가 별로 중요하지 않다. 하지만 영어는 구조 없이는 완성될 수가 없다. 단어 습득보다 더 우선시 되어야 하는 부분

이다. 그러므로 우리말로 표현할 수 없는 단어의 영어식 뜻을 바탕으로 영어의 문장 구조를 이해하면 되는데 보통 아래와 같이 네 단계만 거친다.

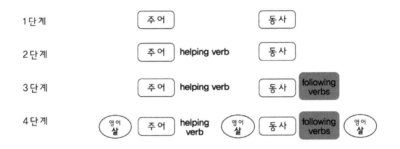

이 틀을 벗어나는 영어문장은 사실상 존재하지 않기 때문에 이 과정을 거치면 영어가 완성된다.

3 서양의 사고방식이 담긴 관사
: general noun(일반적인 명사)에 쓰이는 관사의 영어식 이해

영어에서 우리가 매우 어려워하는 개념 중의 하나가 바로 관사의 쓰임이다. 똑같은 단어인데도 어떤 때는 a를 쓰고, 어떤 경우에는 관사를 쓰지 않으며, 또 다른 경우에는 'the'를 쓴다. 우리는 단순히 셀 수 있는 명사 앞에는 a를 쓰고 셀 수 없는 명사 앞에는 관사를 쓰지 않는다고 배운다. 하지만 셀 수 없는 명사 앞에도 a를 붙이는 경우를 흔하게 볼 수 있다. 우리가 알고 있는 개념과는 다른 뭔가가 있다. 그것이 바로 서양의 사고방식이 담긴 관사의 개념이다. 즉 'girl'은 단어이고, 'A girl(어 걸)'이라고 해야, 실제로 형체가 존재하게 된다.

우리는 단순히 셀 수 있는 명사 앞에는 a를 쓰고 셀 수 없는 명사 앞에는 관사를 쓰지 않는다고 배운다. 하지만 셀 수 없는 명사 앞에도 a를 붙이는 경우를 흔하게 볼 수 있다. 우리가 알고 있는 개념과는 다른 뭔가가 있다. 그것이 바로 서양의 사고방식이 담긴 관사의 개념이다.

실제 소년을 지칭하는 것이라면 그냥 'boy'하지 말고, 'a boy' 라고 해야 하며,

실물이 있으면 'pencil' 하지 말고, 'a pencil'

실체가 있으면 그냥 'dog' 하지 말고, 'a dog'

그냥 'car' 하지 말고, 'a car'

그냥 'email' 하지 말고, 'an email'(a, e, i, o, u 같은 모음발음 앞 에는 'an'을 쓴다)

이렇게 습관이 되면,

There is boy.

라는 문장을 접하게 되면 어색해서

There is a boy.

라고 해야 마음이 편해질 것이다. 가끔 지나가는 차의 뒤 유리에,

Baby in Car.

라는 문구를 볼 때가 있다. 우리말로 하면 차 안에 아이가 있으니 조심하라는 뜻이다. 하지만 영어로는 정말 어색하고 불편하다. 얼른 가서

A baby in a Car.

Babies in a Car.

로 고치고 싶어진다. 결국엔 'a(n)'의 의미를 '어떤', 또는 '한' 정도의

우리말로만 이해를 하면 오해를 할 수 있다. 'a' 등을 왜 붙여야 하는지 영어식으로 생각해야 한다.

'helicopter(헬리콥터)'는 '헬리콥터'라는 개념을 나타낼 때 쓰는 단어 이다.

a helicopter 라고 말해야

날 수 있는 (혹은 실체가 있는) 헬리콥터를 지칭할 수 있는 것이다.

그런데 헬리콥터의 꼬리 부분을 지칭할 때는,

a part of helicopter(헬리콥터의 부분 혹은 부품)

a tail of helicopter(헬리콥터의 꼬리)

라고 위와 같이 쓰며, 아래와 같이 'helicopter' 앞에는 'a'를 빼도 되 는 것이다. 'helicopter'의 형체는 직접적으로 필요하지 않기 때문에 'a'를 안 붙여도 된다. 만약 '어떤 실체가 있는 헬리콥터에서 온 부품' 이라는 뉘앙스로 말하고 싶다면, 붙여도 된다.

a part of ~~a~~ helicopter

그런데 고정된 형체가 없는 것들은 'a'를 잘 붙이지 않는다. 가장 대 표적인 것이 'water'이다

물은 아래와 같이 물방울이 튀는 형태가 되어도 '물들'이 되지 않는 다. 그냥 'water'다.

이런 것들은 숫자를 셀 수도 없이 많다. 그런데 아래와 같이 컵에 담아 놓으면 얘기가 좀 달라진다.

이렇게 형태가 고정되었을 때는 'a water'라고 해도 괜찮다. 물론 정확한 것은 'a cup of water'라고 해야 하지만, 의사소통자들끼리 서로 간에 정해진 'water'의 모양이 존재한다면 써도 괜찮다. 이렇게 정확한 형태가 존재하면 셀 수 있다.

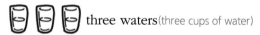 three waters(three cups of water)

여러 가지를 하나로 뭉쳐 한 단위를 이루게 되어도 또 다시 'a'를 붙일 수 있다.

 a meal(한 끼의 식사)

 a bundle of flowers(혹은a base of flowers)

결론적으로 'a(n)'가 없다면, 형체가 없는 것이다. 앞에 만난 '소녀'를 다시 보자. 소녀(a girl)가 여러 명(girls)이지만 앞에서 만난 소녀를 다시 이야기하려면 그 실체의 개념을 아래와 같이 단일화해야 한다.

the girl 이라고 표현해야 한다.

이름을 나타내는 고유한 'noun'은 주로 'the'를 붙이지 않고 그냥 대문자로 시작한다.

어떠한 정해진 것을 지칭할 때는 'the girl'이라고 표현해야 한다. 여러 개의 개념을 하나나 일부(the girls도 가능)로 단일화 혹은 특정화시키는 것이다. 그래서 여러 세상이 있을지 모르지만, 우리가 살고 있는 이 세상을 지칭할 때는 '(a) world'라고 하지 않고 주로 'the world'라고 한다.

최고를 지칭하는 표현에도 가장 최고는 유일하기 때문에 'the'를 붙인다.

the best book(최고의 책)

the greatest dream(가장 위대한 꿈)

이름을 나타내는 고유한 'noun'은 주로 'the'를 붙이지 않고 그냥 대문자로 시작한다. 'Seoul, Facebook' 같이 말이다. 왜냐면 이름 자체에 이미 고유한 의미가 있기 때문이다. Korea, Japan처럼 나라 이름들도 일반적으로 'the'를 붙이지 않는다. 그러나 여러 나라들(states)이 모여 구성된 연방국가나 뭔가 여러 대상들(민족들이나 섬들과 같은)이 모인 나라는 'the'를 붙인다. 예를 들어, 여러 미국 나라들(states)이 있기 때문에 하나의 개념으로 합치려면 'the'가 필요하다.

the U.S.A.(미합중국) → 'America'라는 이름으로 이미 합치면 'the'가 없다

the U.K.(영연방) → 'England'라는 이름으로 합치면 'the'가 없다.

the Philippines(7천여 개의 섬과 다양한 언어를 쓰는 민족들이 모여 구성된, 필리핀)

'a'나 'the' 대신 붙이는 다른 것들도 있다. 예를 들어 어떤 소년이 팔을 다쳤다고 가정해 보자.

a boy hurt arm.

이라 하면 역시 어색하다. arm(팔)은 몸에 붙어 있긴 하지만 형체가 있기 때문에 'an arm'이라고 해야 한다. 다른 관점에서 보면 다친 소년의 (그) 팔은 정해져 있어 'the arm'이라고 해야 하지만, 이 경우 그 팔은 누구의 팔인지 알고 있다. 그래서 'A boy hurt his arm.'이라고 할 수도 있다. 이러한 표현도 습관적으로 받아들이는 연습을 해야 한다.

한편, 'a'를 붙이기 애매한 것들도 많이 존재한다. 'time, mind' 등이다. 이러한 것들은 때에 따라 붙여도 좋고 안 붙여도 좋다.

Have (a) dinner.(저녁 먹어.)

그런데 사실은, 이런 것들조차 'a'나 'the' 등의 의미를 이해한다면 그리 어렵지 않게 붙이거나 뺄 수 있다.

I need a time to prepare something.(뭔가 준비할 시간이 필요해.)

위의 문장은 준비해야 할 시간의 물리적 덩어리(실체)가 필요한 느낌이다.

←——→
time   그래서 'a'를 붙이는 것이 자연스럽다.

반면에,

It's time to prepare something. ((지금) 뭔가 준비할 때야.)

이 문장에서의 'time'은 '~할 때'라는 타이밍의 개념이기 때문에 'a' 가 없는 것이 더 매끄럽다.

우리도 정확히 말을 하는 습관을 들여야 영어를 더 잘 들을 수 있게 된다.

✔
time

따라서 물리적인 느낌이 나면 'a(n)'를 붙이면 되고 개념적으로 접근 하면 'a'를 안 붙인다.

You have to get a responsibility.(너는 책임감을 가져야 해.)
Responsibility and teamwork are important for work.

(책임감과 팀워크(라는 개념)는 일에 있어서 중요하다.)

우리도 정확히 말을 하는 습관을 들여야 영어를 더 잘 들을 수 있게 된다. 물리적인 느낌과 개념적인 느낌의 차이를 조금 더 설명하면 아래와 같다.

I go to school.

분명 실체가 있는 school 이기 때문에 'a school' 혹은 'the school' 등이 되어야 할 것 같은데, 그렇게 쓰지 않았다. school을 '실체가 존재'하는 장소로만 취급하는 것이 아니라 학교라는 곳의 개념을 이야기하는 것이다. school의 개념 즉 그 목적을 위한 것이다. 단순히 그 건물 혹은 그 장소로 가는 것이라면,

I go to the school.

이라고 해야 한다. 하지만, 'a'나 'the' 등이 없을 때, 그 의미는 그 장소의 고유 목적을 위해 가는 개념인 것이다.

I go to school. (나 학교가 (공부하러) 혹은, 나 학교 다녀.(나 학생이야))

I am going to church. (나 교회에 (예배 참석하러) 갈 거야.)

I went to hospital. (나 병원에 (입원 혹은 수술 받으러) 갔다 왔어.)

다음 문장과 비교해 보자.

I go to the school. (나는 학교 가. (아마 'I'는 학부모이거나 민원인으로 학교에 일을 보러))

I am going to the church. (나는 교회에 가.(아마 예배 보러 가는 것이 아니라 그 곳에서 약속이 있거나 사람을 만나러))

I went to the hospital. (나는 병원에 가.(의사를 만나 진료하는 일 외에 병원에서 사람을 만나거나 일을 보러))

관사는 이렇게 때로 문장의 의미에 큰 변화를 주기도 한다. 예를 들어 작년에 교도소에 수감된 사람들을 위해 봉사활동을 하고 온 사람이 아래와 같이 prison 앞에 관사(the)를 빼 먹고 얘기하면,

I went to prison last year. (난 작년에 감옥에 갔다 온 전과자야.)

라는 엉뚱한 의미가 되어버린다.

I went to the prison last year.

라고 해야 정확하다. 이러한 관사 외에도 우리말보다 영어가 더 정확하게 표현하는 예는 수도 없이 많다.

4 야만족의 언어였던 단순한 영어

영어는 사실 이중성을 가진 언어다. 영어가 왜 '이중성'을 가진 언어인지 제대로 이해하기 위해서는 그 역사를 대략이라도 알아야 한다. 영어는 현재 지구상에서 가장 폭넓게 사용되고 이에 가장 발달한 형태를 가진 언어 중에 하나이다. 특히 어휘 수에 있어서는 타의 추종을 불허한다. 백만 개도 넘는 어휘 수에 하루에도 수십 개의 신조어들이 생겨나고 있는 등 현재도 빠르게 변하고 있는 언어이다.

영어는 역사적으로 봐도 게르만 족의 언어뿐만 아니라 불어 혹은 라틴어 계열의 언어를 흡수하며 진화되었다. 하지만 우리가 간과해서는 안 될 사실이 있다. 영어의 출발점은 앵글로 색슨족이라 불리는 문명이 크게 발달하지 못한 소위 야만족이라 불리는 이들의 언어였다는 것이다.

그러니 영어에서는 두 가지 양상을 동시에 보이고 있어서 사람들이 영어의 정체성을 이해하는 데 혼란을 가져온다. 즉 복잡하게 발달한 언어이고 현재도 그 발달이 활발하게 이루어지고 있음이 명백하지만 그 출발은 단순한 언어였다는 것이다.

그래서 영어는 오래 전부터 사용되던 영어 단어와 외국으로부터 유입된 단어들을 구분해 볼 필요가 있다. 여기서는 전자를 '기존 영어단어'라 하고 후자를 '신규 유입 영어단어'라고 지칭하겠다. 이해를 돕기 위해 이를 우리말에 적용해 본다면 '기존 영어단어'는 '순우리말'에 가깝고 '신규 유입 영어단어'는 '한자어'에 가깝다고 볼 수 있다.

기존 영어 단어들의 예시는 'love, give, take, have, think' 등이며,

영어는 현재 지구상에서 가장 폭넓게 사용되고 이에 가장 발달한 형태를 가진 언어 중에 하나이다.

영어의 출발점은 앵글로 색슨족이라 불리는 문명이 크게 발달하지 못한 소위 야만족이라 불리는 이들의 언어였다는 것이다.

신규 유입 영어단어들은 'explain, recognize, consider' 등으로 조금만 살펴보면 쉽게 구분할 수 있다.

특히 영어를 잘 활용하기 위해서는 이 두 그룹의 특징을 파악하는 것이 필요하다. 우선 기존 영어단어들은 어휘량 자체가 부족하며, 이로 인해 여러 뜻을 만들어 내기 위해 수많은 숙어가 존재하고 단어 하나도 폭넓게 사용된다.

신규 유입 영어단어들은 수많은 어원이 존재하기 때문에 만들어 낼 수 있는 단어가 많아서 풍성한 어휘를 보유하고 있어 단어 자체로 해결되기 때문에 숙어가 필요 없고, 단어 자체로 디테일하게 표현되기 때문에 기존 영어단어들보다 폭넓게 확대되어 활용되지는 않는다.

그런데 여기서 강조하고 싶은 가장 큰 특징은 바로 '고도화'이다. 얼핏 신규 유입 영어단어들이 더 고도화되어 쓰이는 것 같지만, 사실 기존 영어단어들이 훨씬 더 고도화되어 쓰인다. 이는 기존 영어단어들이 절대적으로 어휘량이 부족하고, 사용된 역사도 훨씬 더 오래되었기 때문에 더 고도화되었다. 게다가 어휘량이 절대적으로 많은 신규 유입 영어단어에 못지않게 많이 쓰인다. 이는 적은 수의 단어로 많은 비중으로 사용된다는 의미이다.

고도화라는 말의 뜻은 하나의 영어 낱말이 여러 가지 뜻을 가지고 다양하게 사용되는 것을 말해요.

기존 영어 단어 (국어로 따지면 순 우리말)	신규 유입 영어 단어 (한자어와 같은 느낌의 단어)
▪ 앵글로 색슨족의 언어 혹은 게르만 계열의 언어, 기본 단어 취급	▪ 불어, 라틴어 등에서 유입된 언어, 고급스러운 단어로 취급
▪ 동사를 위주로 나열하면 give, love, get, take 와 같은 단어	▪ explain, recognize, describe 등과 같이 의미의 조합으로 이루어진 경우가 많음
▪ 적은 수의 단어지만 많이 씀	▪ 수많은 어휘량을 보유했지만 단어 당 사용빈도는 기본단어보다 적음
▪ 하나의 단어가 폭넓은 의미로 사용됨	▪ 표현이 명확하기 때문에 넓게 사용되지는 않음
▪ 오랜 역사와 부족한 어휘량으로 인해 고도화되어 사용	▪ 풍성한 어휘로 인해 단순하게 사용

여기서 강조하고자 하는 부분은 위의 표에서 제시된 마지막 부분이다. 몇 안 되지만 많이 쓰이는 기본 단어들의 활용이다. 여기서는 동사를 위주로 볼 것이다. 신규 유입 영어단어의 동사들은 다음과 같이 비교적 단순하게 사용된다.

주어 + 동사

I apologize.

위와 같이 단순하게 쓰기도 하고, 혹은 아래와 같이 동사 뒤에 단어 하나 정도만 따라오는 형태이다.

주어 + 동사 + 동사의 영향을 받는 대상

I recognize that.

하지만 기존 영어단어들의 동사들은 위와 같이 단순하게도 쓰이지만, 아래와 같이 훨씬 고도화된 형태로 쓸 수 있다.

/ 기존 영어단어가 그 어휘 수의 부족과 다양한 상황에서의 활용을 이유로 많은 비중으로 사용되었다.

주어＋동사＋영향을 받는 대상＋영향을 전달하는 대상

I give you something.

주어＋동사＋영향을 받는 대상＋어떤 영향인지 설명하는 구문

I like you to study.

즉 동사의 영향력이 길다는 의미이고, 몇 안 되지만 많이 쓰이고 복잡한 형태를 가지기 때문에 별도로 익숙해질 필요가 있다는 뜻이다.

이에 대한 감각을 연습해 놓으면 문장을 제대로 이해하면서도 문장의 구성을 빠르게 인식할 수 있는 기초가 된다. 이러한 것들을 단순히 문장의 4형식, 5형식의 법칙으로 알 것이 아니라 동사 고유의 의미를 파악하면 자연스럽게 문장구조를 받아들일 수 있다.

5 부족함으로 고도화된 영어의 동사들

앞에서 기존 영어단어가 그 어휘 수의 부족과 다양한 상황에서의 활용을 이유로 많은 비중으로 사용되었다는 것을 설명했다. 즉 고도화되어 비중 있게 사용되는 영어단어는 다음과 같다.

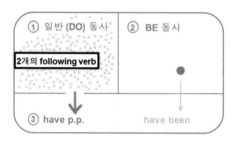

bet, bring, build, buy, cost, get, give, kick, leave, lend, make, offer, owe, pass, pay, play, post, promise, read, refuse, sell, send, show, sing, take, teach, tell, throw, wish, write, 그리고 do

고도화된 형태는 크게 두 가지 형태로 나눌 수 있다. 이제부터 예시
문장을 들어가면서 찬찬히 설명해 보기로 한다.

1) 고도화 형태 1: 2개의 'following verb'가 필요한 동사

다음 verb들의 공통점이 무엇인가? 그렇다. 'verb'를 단독으로 쓰기
보다는 뒤에 'following verb'를 많이 필요로 하는 'verb'들이다.

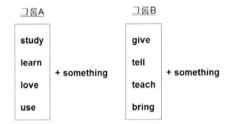

그렇다면 그룹 A와 그룹 B의 차이를 생각해 보자. 아래 그림과 같
이 그룹 A는 주어, 단독으로 하는 행동들이다. 반면에 그룹 B는 다른
대상(혹은 사람)과 관련된 행동들로 구분할 수 있다. 그래서 B는 주어의
행위를 받는 대상이 필요하다.

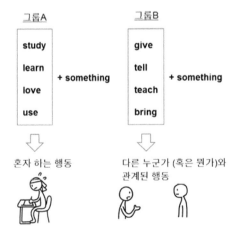

주어의 행위를 받는 대상은 사람이 아닌 동물이나 사물이 될 수도 있다. 이 경우 아래와 같이 행위를 받는 대상을 먼저 쓰면서 'following verb'를 두 개 동시에 쓸 수 있다.

He gives <u>trees</u> <u>water</u>. (나무들에 물을 준다.)
         ①   ②

He tells <u>his children</u> <u>that</u>. (아이들에게 그것을 말한다.)
        ①   ②

He teaches <u>students</u> <u>English</u>. (학생들에게 영어를 가르친다.)
        ①   ②

He brings <u>the friend</u> <u>a dream</u>. (그는 그 친구에게 꿈을 가져다준다.)
        ①   ②

이러한 동사들은 대부분 상식적으로 파악할 수 있다. 단 아래와 같은 동사들은 주로 하나의 following verb를 쓰지만, 예문과 같이 종종 2개를 쓰기도 한다.

I will get <u>you</u> <u>some drink</u>. (음료수 좀 갖다 줄게.)
        ①   ②

My girlfriend has made <u>me</u> <u>lunch boxes</u>. (여자친구가 도시락을 만들어 줬다.)
        ①   ②

Can you buy <u>your daughter</u> <u>a bag</u>? (딸한테 가방을 사줄 수 있어요?)
        ①   ②

You need to write <u>her</u> <u>a letter</u>. (그녀에게 편지 쓸 필요가 있어.)
        ①   ②

I have to read <u>my children</u> <u>a nursery</u>. (아이들에게 동화를 읽어줘야 한다.)
        ①   ②

이런 종류의 동사는 개수가 그리 많지는 않다. 하지만 많이 쓰기 때문에 알아두면 여러 모로 편해진다. 수십만 개에 달하는 영어의 동사 전체 중 사용빈도를 고려하면 그 중요도가 높다고 볼 수 있다. 특히 특별한 형태이기에 익숙하게 만들어 놓으면 그만큼 한결 편안한 영어를 구사할 수 있게 된다. 그리고 영어의 청크를 이해하는 데도 큰 도움이 된다.

2) 고도화 형태 2: 영향력이 긴 동사들

두 번째 고도화된 형태는 동사의 영향력이 길고 다양한 형태의 'following verb'들이 복잡하게 쓰인 것처럼 보이는 경우이다.

동사 + <u>대상</u> + <u>대상을 설명</u>
=
(마치 'be동사'가 숨어있는 것처럼)

즉 대상 뒤에 그 대상을 설명하는 말이 따라와 '=' 관계가 형성되게 만드는 동사들이다. 이로 인해 명사뿐만 아니라 여러 가지 다양한 형태들이 오기 때문에 복잡해 보인다.

동사 + <u>대상</u> + **여러가지 형태들**

동사형태   명사   형용사
to~   ~ing
전치사모양   p.p.

하지만 동사를 영어식으로 이해하고 그 의미를 파악하면, 뒤에 따라오는 형태들이 '뻔하게' 느껴진다.

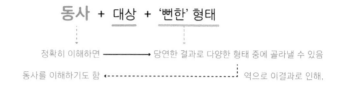

동사 + 대상 + '뻔한' 형태

정확히 이해하면 ──────→ 당연한 결과로 다양한 형태 중에 골라낼 수 있음
동사를 이해하기도 함 ◄----------------------┊ 역으로 이결과로 인해.

이런 동사들의 대표적인 형태가 우리가 '사역동사'라고 지칭하는 'make', 'let', 'have' 등의 단어인데, 사역동사라고 불리는 동사들을 같은 그룹으로 묶게 되면 그 의미를 제대로 이해할 수 없다.

단지 공통점은 대상 뒤에 따라오는 '뻔한 형태'들 중 '원형부정사'라고 불리는 '동사모양'의 단어를 직접 쓸 수 있다는 점뿐이다. 하지만 이렇게 사용하게 된 목적이 동사마다 다르기 때문에 별도로 구분해서 이해해야 한다.

또한 대상 뒤에 '동사모양'의 단어는 공통점이지만, 나머지 형태들은 완전히 다른 양상을 보이기 때문이다.

하나씩 보기로 하자. 'make'는 '대상의 의지'와 상관없이 주어가 그 '대상'을 어떻게 만드는 것이다. 그렇다 보니 뭔가가 되도록(명사) 만들 수도 있고, 어떤 상태가 되게(형용사)가 만들 수도 있다.

make + 대상 + '뻔한' 형태

동사모양   명사   형용사

여기서 특이한 점은 대상이 어떤 행동을 하게 한다는 의미로 '동사모양'을 직접 쓸 수 있는 몇 안 되는 동사 중 하나이다.

우선 동사모양(동사가 아닌 '동사모양'이라는 사실도 중요하다)을 쓰는 이유는 아래와 같다.

'I make you go.'는 네(you)가 가게 만든다는 것은 실제로 행동(go)
이 이루어진다는 의미이다. 그래서 'to go'나 'going'이 아닌 'go(그래
서 원형부정사라고 부르는 것이다)'를 쓴다.

왜 이렇게 쓰이는지 다른 동사의 예시와 함께 보면 더 쉽게 이해할 수
있다. 'I want you to go.'는 내가 단순히 원한다(want)는 말로는 실제 너
(you)가 가는 것이 아니기 때문에 그 방향성(to go)만 얘기할 수 있다.

결과적으로 'make'라는 동사를 써서 어떤 '대상'에 영향력을 준다
면 그 뒤에 단 이 세 가지(명사, 형용사, 동사모양)만 올 수 있다는 것을 인
지하고 연습을 하면 된다. 예문을 보며 이해해 보도록 하자.

My English will make me advance into the global world.

(영어는 나를 글로벌의 세계로 뻗어가게 만들 것이다.)

The mechanic finally made my car move.

(정비공이 마침내 내 차를 움직이게 만들었다.)

참고로 'make'와 같은 일부 동사(get 등)는 앞에서 다룬 2개의 'following verb'를 사용한 경우와 동시에 쓰일 수 있는데, 사실 의미 상으로 쉽게 구별된다.

As soon as my mom arrived, she made us a meal.

(우리 엄마는 오자마자 우리에게 음식을 만들어 줬다.)

us ≠ a meal

우리는 음식이 아니다. 우리에게 음식을 만들어 준 것이다. 하지만,

As my mom opened windows last night, she made us a meal for mosquitos. (우리 엄마가 밤에 창문들을 열어놔서, 우리를 모기밥으로 만들었다.)

우리가 모기를 위한 음식으로 만들어졌다는 것이 다. 이 등식(=)이 성립되느냐, 되지 않느냐(≠)를 인지해야 한다. (물론 쉽게 인지된다) 이렇게 'make'를 쓰면 동사 뒤의 '대상'의 의지와 상관없이 주어가 '대상'을 하게 하고(동사), 어떤 것이 되게 만들고(명사), 어떤 상태로 되게 해 주는 (형용사 및 p.p.) 등 다양한 형태들이 오는 것이다.

아래와 같이 대상 뒤에 명사,

A great teacher makes its students great people.

(훌륭한 선생은 학생들을 훌륭한 사람으로 만든다.)

My Mom wanted to make me a professor.

(우리 엄마는 나를 교수로 만들고 싶어 했다.)

그리고 형용사 등이 올 수 있다.

Most moody people make others uncomfortable.

(감정기복이 심한 대부분 사람들은 다른 이들을 불편하게 한다.)

The accident has made a friend of mine scared.

(그 사고는 내 친구를 무섭게 만들었다.)

이번엔 'let'을 보자. 'make'나 'let' 등의 동사들을 기존의 문법에서 흔히들 '사역동사'라는 이름으로 뭉쳐서 한 그룹으로 인식하게 하는 데, 이렇게 해서는 제대로 활용할 수가 없다. 그 의미와 활용방식이 완전히 다르기 때문이다.

let + 대상 + '뻔한' 형태

동사모양   방향성의 부사(주로 전치사 모양)

우선, 'make'와 'let'은 대상 뒤에 '동사모양'을 쓸 수 있다는 공통점이 있다. 하지만 'make'는 주어가 뒤에 따라오는 대상을 통제하는 느낌이지만, 'let'은 대상이 하는 행동을 주어가 '내버려 둔다'의 의미이다.

Let me go.

Let me introduce myself.

이 대상의 '행위'를 하도록 하는 것(허락의 의미와는 좀 다르다)이기 때문에 'make'와 달리 대상 뒤에 '명사'나 '형용사'는 올 수 없다. 만약 '~되는 행위'를 내버려 둔다는 의미로 쓰고 싶다면 'be동사'의 원래 모양인 'be'를 앞에 써주면 된다.

Could you let me buy a cigarette without ID?

(신분증 없이도 담배를 사게 해주세요.)

Let us go. (Let's go) 우리를 가게 해줘. (가자)

Let it go. 혹은 Let it be 그거 가게 내버려둬. (놔 둬)

'it(불특정한 그것)'의 자유의지대로 하게 만들기 때문에 '놔둬'의 의미가 된다. 이 대상의 '행위'를 하도록 하는 것(허락의 의미와는 좀 다르다)이기 때문에 'make'와 달리 대상 뒤에 '명사'나 '형용사'는 올 수 없다. 만약 '~되는 행위'를 내버려 둔다는 의미로 쓰고 싶다면 be동사의 원래 모양인 'be'를 앞에 써주면 된다.

My parents have always let me be free.

(부모님은 항상 나를 자유롭게 해줬다.)

또한 'let'의 특이한 점은 방향성을 나타내는 부사(대부분 전치사 모양)를 써서 대상을 '어떤 상태' 혹은 '어디로 향하게 내버려 둔다'라는 의미로 쓸 수 있다.

Please let me in. (들어가게 해줘.)

My friend lets me (be) there. (내 친구는 나를 거기 있게 해준다.)

Let him alone. (혼자 있게 해줘.)

have + 대상 + '뻔한' 형태
동사모양   p.p.

'have'도 뒤에 대상을 통제하고 있다는 의미이기 때문에 'make'와 같이 대상이 어떤 행위를 하게 한다는 의미로 '동사모양'을 쓸 수 있다. 하지만 'have'는 사용하는 것이 다르다. 대상의 행위보다 그 행위가 미치는 대상에 초점을 두어 p.p.를 많이 쓴다. 설명이 어려우니 예문으로 이해해 보자.

I have my son drive my car.

이 문장은 '내 아들이 차를 운전하게 만든다'라는 의미이다. 이 경우 'make'와 비슷한 의미가 된다. 하지만, 'have'는 뒤에 오는 'my car'에 초점을 맞출 때 많이 쓴다. 즉 '내 차가 운전이 되게'의 의미로 그 뒤에는 p.p.를 쓴다.

I have my car driven(by my son).

이라고 쓰면 '누가 운전을 한 것'이 중요한 것이 아니라, '차가 운전이 된 것'을 얘기하고 싶을 때 쓰는 것이다.

I will have my son clean the room.

아들이 방을 청소하게 한다는 뜻이지만, 아래와 같이 방(the room)이 청소되는 것(cleaned; p.p.)을 말하고 싶을 때 'have'를 쓴다.

I will have the room cleaned. (방이 청소되게 할 거다.)

만약 주어의 의지일 경우, 'make'를 쓰면 되고, 대상의 의지일 경우 'let'을 쓰면 되기 때문에 'have'가 그리 널리 사용되진 않고, 대상이 뭔가 되어지거나 당하는 의미인 p.p.를 많이 쓴다.

You had me blamed. (You had people blame me.)(네가 날 욕먹게 만든 거다.)

사람들이 나를 비난한 사실(people blame me)보다는 내가 비난 받은 사실(I am blamed)을 더 강조하고 싶은 표현이다.

My uncle has had my sister hired. (삼촌이 누나를 취직되게 한 상태다.)

One of citizens might have the criminal arrested. (시민 중 한 사람이 그 범죄자(the criminal)를 체포되게(arrested) 만든 것이지, 직접 체포한 것은 아니다. (아마 신고를 한 것))

I always have my hair cut at the hair salon.

(나는 항상 그 미용실에서 머리를 한다.)

He decided to have his daughter married.

(그는 딸을 결혼되게 하기로 결정했다.)

'get'도 대상에 어떤 영향을 줄 때 쓸 수 있는 표현이지만, 'make', 'let', 'have' 등과 같이 대상의 행위에 미치는 영향이 직접적이지 않다. 따라서 그 행위의 방향성만을 제시하는 'to~(동사)'를 쓴다.

get + 대상 + '뻔한' 형태

to~   ~ing   p.p.

I would get the son to eat vegetables.

(나는 아들이 야채를 먹도록 하는 것 같아.)

만약 실제 행위가 이루어졌다면, '~ing'를 쓰면 된다.

I got many students speaking English. (많은 학생들이 영어를 하게 했다.)

또한 p.p.도 쓸 수 있다.

Did he get you bored? (그가 널 지루해지게 한 거야?(직접 만든 건 아닌 뉘앙스))

'help'도 마찬가지로 대상이 하는 행위를 도와준다는 의미로 대상 뒤에 '동사모양'을 쓸 수 있다. 'help'는 동사모양과 'to~'를 모두 써도 된다고 한다. 하지만 이 역시 이 둘의 의미차이가 있음을 이해해도 좋다.

help + 대상 + '뻔한' 형태

동사모양   to~

My friend helped me drive. (내 친구가 날 운전하는 걸 도왔다.)

(실제 운전을 성공한 느낌)

큰 의미 차이가 없을 순 있지만, 만약 도와줬음에도 불구하고 실제 행위가 이루어지지 않았거나 앞으로의 일을 강조하고자 할 때는 'to~(동사)'가 더 어울릴 수도 있다.

My friend helped me to drive.

도움을 받기는 했는데 운전을 제대로 못했을 때나 '앞으로'의 의미가 있을 때는 바로 위 문장같이 'to drive'가 더 어울릴 수 있다. 'help'의 또 다른 특이점은 (거의 유일하게) 동사＋동사의 형태가 된다는 것이다.

'want'와 같은 단어는 발생한 일(~ing)보다는 앞으로의 일이기 때문에 방향성을 나타내는 'to~(동사)'를 써야 한다. 어떤 행동하기(do)를 'want(원한다)'면 '앞으로의 일'이기 때문에 방향성의 의미가 들어간 'to~'가 가장 잘 어울릴 것이다. 의미상 이미 일어나는 일(~ing)은 어울리지 않는다. 아래와 같이 이런 want와 비슷한 느낌을 가진 단어들은 모두 뒤에 'to~'가 어울린다.

want 등 + 대상 + '뻔한' 형태

to~

hope to (~하기를 소망한다) need to (~하기를 필요로 한다)

expect to (~하기를 기대한다) ask to (~하기를 물어본다)

decide to (~하기를 결정한다) promise to (~하기를 약속한다)

I hope all of my friends to be happy.

(내 친구들 모두 행복하길 소망한다.)

The country has decided its people to have holiday.

(나라는 국민들에게 휴일을 갖게 결정했다.)

Do you need the company to approve that?

(회사가 그걸 약속할 필요가 있어요?)

Are you expecting me to be with you?

(내가 너와 함께 하길 기대하니?)

I have to promise my son to go to the amuse park.

(아들에게 놀이동산 가기를 약속해야 한다.)

I would like you to study another language.

(나는 네가 또 다른 언어를 공부했으면 좋겠다.)

만약 '~가 되게'라는 의미로 '명사'나 '형용사'를 써야 할 경우 'to be~'를 쓰면 된다.

I want her to be happy. (나는 그녀가 행복하길 원한다.)

I hope my son to be an honest man. (내 아들이 정직한 사람이 되길 바란다.)

이런 종류의 동사들은 대상이 없이도 쓸 수 있다. 'I want to study.' 와 같이 주어인 내(I)가 공부하길 원하는 것이다.

'stop', 'finish' 등의 단어들의 의미를 생각해 보자. 조금만 생각해 보면 이런 단어들은 뒤에 '~ing'밖에 따라올 수 없다. 의미상 지금 되고 있는 일('~ing'로 밖에 표현이 안 됨)을 멈추는 것이지 'to~(동사)'로 표현되는 앞으로의 일은 쓸 수가 없다.

stop 등 + <u>대상</u> + <u>'뻔한' 형태</u>

~ing

I have to finish you doing something wrong.

I have to finish it to do something.

위와 같이 'to~(동사)'를 쓰면 동사의 영향력에 포함되지 않는다.

'keep', 'stay', 'remain', 'leave' 등의 동사들은 그 상태를 유지하기 때문에 형용사를 쓴다.

stay 등 + 대상 + '뻔한' 형태

형용사(~ing)

You need to keep the window open. (문을 열어놓을 필요가 있다.)
A country doesn't have to leave its people dangerous.

(국가는 국민들을 위험하게 두면 안 된다.)

Don't stay me single. (나를 싱글로 있게 하지 마.)

Keep (it) moving. (움직이는 상태를 계속 유지해.) (계속 움직여)

위와 같이 바로 형용사나 '~ing' 등의 형태를 써도 된다.

'get', 'take', 'pull', 'put', 'pick' 등은 대상을 이동하는 느낌을 줄 수 있는 동사들이다. 이 경우 그 방향을 나타내는 'adverb(주로 전치사 모양)'를 붙여 쓴다.

Pull 등 + 대상 + '뻔한' 형태

방향성의 부사(주로 전치사 모양)

Could you pick me up tomorrow? (내일 저를 픽업해 줄래요?)

한편 'take'는 강한 취득(을 한 순간)의 느낌으로 'get'과 구별된다. 그리고 뒤에 'to 목적지'나 방향을 나타내는 'adverb'를 많이 쓴다.

Take me to the USA. (미국에 데려다 줘.)(가게 해줘)

She takes special shoes on. (그녀는 특별한 신발을 신는다.)

Jay would get her out. (제이는 그녀를 나가게 할거 같다.)

Pull me over. (날 저기 놔줘.) (차 세워)

'call'같은 경우는 'following verb' 뒤에 주로 명사가 따라 온다.

call 등 + 대상 + '뻔한' 형태

필요한 명사

I always call my girlfriend honey.

(나는 내 여자 친구를 항상 '허니'라고 부른다.)

이런 형태의 동사들은 대부분 기존 영어단어들이지만, 'elect(대중들이 선택하는 것 혹은 선출하다)'나 'appoint (뭔가로 임명하는 개념)'와 같은 극히 일부의 신규 유입 영어단어의 동사들도 때로는 'call'과 같이 쓸 수 있다.

People have elected him the president.

(사람들은 그를 회장(경우에 따라 대통령)으로 선출했다.)

The president is going to appoint Jade one of team leaders.

(회장은 제이드를 팀장 중 한 명으로 임명하기로 했다.)

'paint'는 어떤 대상을 어떤 색으로 칠했다는 의미로 바로 특정한 색을 쓸 수 있다.

I have to paint the wall green. (벽을 녹색으로 칠해야 해.)

이제, 사람이 보고(see), 듣는(hear) 등의 감각들과 관련된 동사들을 보자. 가장 다양한 형태의 'following verb'들을 만들어 낸다. 직접 보거나 듣기 때문에 'verb(동사)'도 가능하고 지금 진행 중인 것을 보거나 듣기 때문에 '~ing'도 가능하고 물론 일반적인 형용사나 p.p.도 가능하다. 'hear', 'smell', 'taste', 'feel' 등이 모두 여기에 해당된다.

see 등 + 대상 + '뻔한' 형태

동사모양   각종 형용사형태(~ing, p.p. 포함)

I felt her happy. (그녀가 행복한 것을 느꼈다.)

I heard you blamed yesterday. (어제 네가 욕먹는 것 들었다.)

I saw Tom crying in the school. (톰이 학교에서 울고 있는 것을 봤다.)

My neighbor has smelled my home burned.

(이웃이 우리 집이 타는 냄새를 맡았다고 했다.)

I can feel you smiling. (너 웃고 있는 거 다 느껴져.)

I have never seen my teacher angry with his students.

(우리 선생님이 학생들한테 화가 난 것을 본 적이 없다.)

'listen'에 'to'가 붙어도 (listen to) 똑같이 쓸 수 있다.

My sister was carefully listening to him talk.

(우리 누나는 그가 말하는 것을 유심히 듣고 있었다.)

위의 'talk'는 동사의 형태이지만 동사는 아니다. 당연히 'him'을 3인칭 단수로 처리해서 's'를 붙여 'talks'로 쓰면 안 된다.

I was able to feel her want to go to Spain.

(그녀가 스페인에 가길 원한다는 것을 느낄 수 있었다.)

물론 이 문장은 아래와 같이 바꿔 쓰는 것이 쉽다. 문장을 어렵게만 만들지 말자.

I was able to feel(that) she wants to go to Spain.

위에 나타난 형태 외에 나머지 것들 뒤에 오는 ~ing, to~(동사), p.p. 등은 동사와 직접적인 관련이 없다. 즉 동사의 영향력에 들어가지 않는다는 의미이다. 예를 들면 아래와 같다.

I need the guy watching TV. (TV를 보고 있는 저 사람이 필요해.)

위에서 'watching TV'는 단순히 'the guy'를 설명하는 말로 동사와 직접 관련은 없다.

I watched the sport game to tell you.

　　　　　　　　　　　　　(그 스포츠게임을 봤어 너에게 얘기해주려고)

'to tell you'는 문장에 붙는 살로 이 역시 동사와 직접적인 관련이 없다.

I wouldn't want students studying well.

　　　　　　　　　　　　(나는 공부 잘하는 학생을 원하는 것이 아니다.)

I wouldn't want students to study well.

　　　　　　　　　　　　(나는 학생이 공부를 잘하는 것을 원하는 것이 아니다.)

고도화된 영어의 사용을 이해하고 잘 구분할 줄 알게 되면 문장들을 훨씬 빠르게 파악할 수 있고, 의미단위로 구분하는 청킹이 무척 쉬워질 것이다.

청크를 학습한다는 것은 단순한 발음 및 글자의 식별, 단어의 인식 단계를 넘어서 의미 덩어리 단위로 영어를 받아들이거나 생산하는 것을 말한다.

Ⅲ | 소리, 어법, 덩어리는 한방에

이제 영어식 사고로 마인드업이 좀 되었는가? 영어의 특성을 이해할 수 있다면 여러분들은 콘텐츠를 받아들일 준비가 된 것이다. 이제 청크의 세계로 들어가자. 청크를 학습한다는 것은 단순한 발음 및 글자의 식별, 단어의 인식 단계를 넘어서 의미 덩어리 단위로 영어를 받아들이거나 생산하는 것을 말한다. 그러기 위해서는 일련의 과정이 필요하다. 즉, 청크를 학습하기 위해서는 발음, 글자, 단어 등의 인식이 되어야만 청크를 학습할 수 있는 기초가 다져졌다고 할 수 있다. 그러면 청크를 연습하기 위해 거쳐야 할 요소들을 살펴보자.

1 발음 및 글자의 식별

가장 첫 단계는 연속된 소리의 흐름이나 각각의 문자들이 청자 또는 독자의 귀와 눈으로 들어오면 이를 [p, f, l, r, w, e, b, v …]처럼 구분하여 인지하는 과정으로 귀와 눈으로 보고, 듣는 수준이다. 어린 아이들에게 많은 영어를 접하게 하려는 것도 그들이 소리와 철자에 익숙해지면서 자연스럽게 식별 능력을 키울 수 있도록 하려는 의도이다. 이 단계는 아주 기초적인 단계라고 볼 수 있다.

2 개별 단어의 인식

발음 및 글자가 식별되는 단계를 지나게 되면 영어를 들을 때 개별 발음이나 알파벳이 아니라 단어를 인식해 머릿속에서 정보 처리를 하게 되는 단계에 도달하게 된다. 예를 들어,

"In case you can't answer it ask him about it."

라는 문장을 접했을 때 우리는 연속된 소리의 흐름을 듣고 이를 'case, can't, answer, ask'처럼 하나, 하나의 개별 단어로 인식하게 된다. 보통 영어를 시작한지 조금 지난 단계의 학습자들 또는 중학생 정도의 학습자들이 이 단계의 듣기, 말하기, 읽기를 한다. 대부분 'word by word' 방식의 정보 처리로 인해 속도가 많이 늦어 듣기와 읽기에 어려움이 생기는 단계이기도 하다.

3 청크 단위의 인식

연속된 소리의 흐름을 단지 단어의 단위로 인식할 수 있다고 해서 문장이 가지고 있는 의미를 완전히 이해할 수 있는 것은 아니다. 최종적으로 단어와 단어를 의미가 통하도록 'grouping'하는 과정이 필요하다. 문장을 읽을 때 낱말 하나하나를 읽는 것이 아니라 의미상 서로 긴밀하

청크를 인식하면서 글을 많이 읽고, 많이 들으면서 학습한다면, 영어의 다양한 의미덩어리가 학습자의 대뇌에 충분히 저장되어 누구나 자연스럽게 'phrase by phrase'로 이해할 수 있게 된다. 이것이 바로 영어식 사고의 핵심이다.

게 관련된 몇 개의 단어들을 한꺼번에 묶어서 읽는 것을 'grouping'이라고 한다. 이 가운데 '끊어 읽기'란 의미단위들 사이에 사선(/)을 그어 문장구조 파악을 시각적으로 용이하게 하는 것을 말한다.12) 다음 예문을 보자.

"In case you can't answer it ask him about it."

위 예문의 의미를 이해하기 위해서 다음과 같이

"In case / you can't answer it / ask him / about it."

청크로 끊어서 정보를 처리하는 것이 필요하다.

이 단계에서는 하나의 최소 의미단위 즉 청크를 인식하고 받아 들여야 하는데 구문, 연음 등에 관한 지식이 두루두루 필요하다. 이는 영어식 사고를 위한 필수적인 과정이며 이 때 'word by word' 정보처리가 아니라 'phrase by phrase' 정보처리를 할 수 있도록 가능하게 해주는 것이 바로 청크다.

청크를 인식하면서 글을 많이 읽고, 많이 들으면서 학습한다면, 영어의 다양한 의미덩어리가 학습자의 대뇌에 충분히 저장되어 누구나 자연스럽게 'phrase by phrase'로 이해할 수 있게 된다. 이것이 바로 영어식 사고의 핵심이다.

---

12) 의미단위별 끊어 읽기를 통한 영어독해능력 향상지도방안, 문수정, 2008

Ⅳ | 영어와 국어는 다른 언어. 그게 핵심

우리는 파트 Ⅰ과 Ⅱ을 지나며 영어와 국어가 어떻게 다른지 알아보았다. 파트 Ⅰ에서 가장 큰 차이점으로 어순을 들었는데, 그 자세한 내용을 여기에 설명한다.

어느 날 연구팀의 저자는 연락을 받는다. 그동안 영어 말하기에 대해 공부한 것을 어떻게 수업에 적용할 것인지 토론하는 자리가 있으니 와서 참여하고 조언을 해 달라고 하였다. 지정된 장소에 도착하여 먼저 자기소개를 하고 토론을 시작하였다. 그런데 이상한 일이 벌어졌다. 사회자가 '무엇에 대해 말하자.'라고 하는 순간 모든 회원들이 약속이나 한 것처럼 노트에 무언가를 열심히 적고 있는 것이다. 그리고는 돌아가며 발표를 했다. 다음 질문도 마찬가지였다. 무엇을 적고 있는지 살짝 물었더니 발표할 내용을 먼저 글로 써 본다고 하였다.

이 날 모임은 영어로 말하기에 대한 다양한 방법을 어떻게 수업에 적용할 것인지에 대해 토론하는 것, 즉 말하기였는데 이 토론의 기초를 이루는 것은 쓰기였다. 그냥 말하자니 정리가 안 되어 있으면 마음이 불안하고, 틀릴까봐 말이 잘 안 나와서 글로 쓴다는 것이었다. 이 아이러니한 상황을 어떻게 헤쳐 나갈 것이지 고민한 저자는 이렇게 하자고 한다. '가급적 쓰지 말고 누구든 그냥 말해보고 무언가 빠진 내용이 있다면 질문을 하고 대답 후 그것을 요약하고 문장으로 이어서 다시 말해 보자'라고 말이다.

회원들이 주로 말하는 문장은 간단했다. 그런데 영어로 말할 때에 왜 자신감이 없을까? 문장이 어려워서 그럴까? 영어 연수를 많이 받았

어순에 대한 감각은 우리가 영어를 배울 때 필수적으로 알아야 하는 중요한 것이다.

우선 크게 보면 우리말과 영어는 결론을 어디에서 말하느냐에 따른 큰 차이가 있다.

고 원서로 공부하고 있는 사람들이 이런 수준의 영어가 어렵다고 하는 건 말도 안되는 일이었다. 단어가 어려운가? 그렇지도 않았다. 무엇이 문제일까? 바로 어순감각이 없어서 그런 것이다. 어순에 대한 감각은 우리가 영어를 배울 때 필수적으로 알아야 하는 중요한 것이다.

우리 주변에서 가끔 영어를 꽤 잘하는 사람들을 볼 수가 있다. 그런 사람들은 학교나, 학원이나, 유학을 갔다 왔거나, 혼자 공부했건 간에 이 어순에 대한 감각을 터득했기 때문에 영어를 잘하는 것이다. 아무리 열심히 해도 영어가 잘 안 되는 사람들은 바로 이 어순에 대한 감각을 터득하지 못한 경우가 대부분이다.

우리말과 영어의 어순 차이를 보자. 우선 크게 보면 우리말과 영어는 결론을 어디에서 말하느냐에 따른 큰 차이가 있다. 우리말은 결론의 위치가 주로 문장의 뒤에 오는데, 영어는 결론이 문장의 앞에 온다. 영어문장을 잘 살펴보면 주로 앞부분에 결과를 말하고 이어서 설명을 붙인다. 그런데 우리말은 이런 저런 말을 설명하는 식으로 하다가 마지막에 결정적으로 이야기한다. 그렇다보니 우리말은 끝까지 잘 들어봐야 한다. 앞부분만 듣고 있으면 뭘 어쩌라는 것인지 그 결론을 추측하기 어렵다.

그러면 영어의 어순은 어떻게 다를까? 우리말과 영어의 어순 차이를 그림으로 그려보면 다음과 같다.

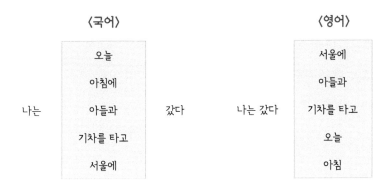

그림에서 보는 바와 같이 국어로는 '나는'과 '갔다'의 사이에 문장을 설명하는 여러 내용이 끼어있다. 영어는 '나는 갔다'하고 결론을 먼저 말한다. 그리고 그것에 대한 설명을 보충해 붙인다. 바로 이것이 우리가 영어를 할 때 가장 중요하게 생각해야 할 점이고 영어로 말하거나 쓸 때의 중요한 공식이다.

앞에서 동아리 회원들이 말하기 전에 쓰기로 미리 작문을 해서 말할거리를 준비한 이유는 바로 이런 어순감각이 없기 때문에 생각이 떠오르는 대로 말을 못하고, 머릿속에서 완벽한 문장을 다 만들어 쓴 다음에야 비로소 입을 열려고 한 것이다.

그런데 이 작문이라는 것이 사실 그리 만만치 않다. 그래서 빨리 준비해야 하는 마음의 부담감과 말하고 싶은 단어들을 이리 저리 꿰어 맞추느라 시간이 너무 빨리 지나가는 것 같아 분주한 마음이 얼굴에 고스란히 나타난다. 지켜보기에 안쓰러울 정도다. 그런데 이렇게 영어 말하기가 고통스러워서야 어떻게 영어를 하는지 걱정스럽다.

저자가 회원들에게 조언한 것은 문장을 완벽하게 다 만든 뒤에 말하려하지 말고 결론을 '나는 어떻게 하겠다' 또는 '이 방법이 좋다'라고

/ 결론과 보충 설명을 다시 이어서 말해보는 것이다. 대단한 방법은 아니지만 그런 식으로 말을 하니 다들 점차 편한 얼굴로 말하는 것을 확인할 수 있었다.

/ 영어로 말하기를 할 때 먼저 누가 무엇을 했는지 결론부터 말하고 이후 차례로 내용을 이어 가면 된다.

말한 뒤에 보충하는 설명을 붙여 나가라는 것이다. 혹시 보충 설명이 빠졌다면 옆의 누군가가 물어봐 주도록 하였다. 그러면 결론과 보충 설명을 다시 이어서 말해보는 것이다. 대단한 방법은 아니지만 그런 식으로 말을 하니 다들 점차 편한 얼굴로 말하는 것을 확인할 수 있었다.

이제, 아까 비교했던 문장을 영어로 바꾸어 보자.

나는 오늘 아침 아들과 기차를 타고 서울에 갔다.

자, 어디서부터 시작해야 할까? 영어로 시작할 때는 '누가 무엇을 했다'부터 해야 하니, '나는 갔다'부터 해보자. 영어로 하면 과거니까 'I went'하면 된다. 그럼 이제 보충 설명을 넣자. '어디에'가 나와야 하니 '서울에'는 'to Seoul'로 쓴다. 그러면 누구랑 갔을까? 아들이랑 갔으니 'with my son'이다. 이제 어떻게 갔을까 궁금해지지 않은가? '기차타고' 갔으니, 'by train'이다. 언제 갔을까? '오늘 아침'은 'this morning'이다. 그러면 다 나왔다. 완성된 문장은 다음과 같다.

I went to Seoul with my son by train this morning.

너무 쉽지 않은가? 영어로 말하기를 할 때 먼저 누가 무엇을 했는지 결론부터 말하고 이후 차례로 내용을 이어 가면 된다. 혹시 순서를 외워야겠다고 생각하는 사람이 있는가? 'where? with who? how? when?' 이런 식으로 순서를 외워야 할까? 아니다. 그냥 자연스럽게 듣는 사람이 궁금해 할 수 있는 것을 차례대로 말하면 된다.

가령 '나 갔었어.'라고 말하면 모두들 '어디에 갔지?' 하고 궁금해 질 것이다. 그러면 '어디에' 해당하는 말이 자연스럽게 이어질 수 있다.

다음 순서가 뭘까 고민하지 말고 그저 질문이 이어질만한 순서대로 쭉 자연스럽게 이어나가면 된다.

　동아리 회원들은 이 방법을 적용해보고 스스로 매우 놀라워하였다. 그들이 처음에 말해보려 했을 때는 단어들이 뒤죽박죽 뒤엉켜있었으나 이렇게 차례대로 해 보니 더 편안하고 자연스럽게 나올 수 있었다고 하였다. 바로 어순에 대한 감각을 익혔기 때문이다.

　영어는 어순감각을 익혀 말하면 쉽다. 영어를 능숙하게 잘하는 사람은 이 어순에 대한 감각이 이미 수많은 연습을 거쳐 익숙해져 있는 상태이다. 어순감각을 익혀 청크로 입을 열어 연습하면 그 효과는 매우 탁월해진다.

　어순감각을 익혔으니 이제는 청크로 끊어 읽는 연습을 해 보자. 소리와 어법 덩어리를 묶어서 한 방에 가는 것이다. 제시되는 다음 문장들을 청킹의 원칙에 따라 끊어서 크게 소리 내어 읽자. '/' 있는 부분에

서는 짧게 숨을 쉰 다음, 쭈욱~~~ 한 번에 연결해서 읽자. 반드시 크게 소리 내어 읽도록 하자. 그래야 소리덩어리가 귀에 익숙해지고 어법덩어리가 몸에 익는다.

／영어는 어순감각을 익혀 말하면 쉽다. 영어를 능숙하게 잘하는 사람은 이 어순에 대한 감각이 이미 수많은 연습을 거쳐 익숙해져 있는 상태이다.

1 주어, 동사, 목적어가 기본: 주어, 목적어가 길면 주어, 목적어 다음에서 끊어 읽는다.

1) A very pretty red rose / is in the vase.

2) The day when he was born / is quite unknown.(관계사 포함 긴 주어)

3) Giving animals / something to eat / can be harmful.

마지막 문장을 구체적으로 살펴보면, 'Giving'이라는 동명사의 목적어인 'animals'를 'something to eat'이 뒤에서 수식해 주기 때문에 'something' 앞에서 끊는다. 전체 주어는 'giving animals something to eat'이기 때문에 'can'이라는 조동사 앞에서 끊어 읽게 된다.

2 전치사 덩어리로 정보 더하기

전치사(preposition)라는 어휘가 가지고 있는 개념은 'pre－ (~앞에) ＋ position(위치)'로써 말 그대로 앞에 위치한다는 뜻이다. 그런데 무엇의 앞을 뜻하는 것일까? 바로 명사나 대명사 앞에서 시간, 장소, 이유, 방향 등의 의미를 나타내는 말이 바로 전치사다. 이제 다음 예문들을 크게 소리 내어 읽어 볼 텐데 어디서 끊어 읽어야 될지 먼저 고민해 보고 읽자.

1) He is the boy / from our home town. (○)

2) He is / the boy from our home town. (X)

3) Tell me the story / about an old man of the sea. (O)

4) Tell me / the story about an old man of the sea. (X)

5) I'm not happy / about my poor grade.

마지막 문장을 다시 살펴보자. '나는 행복하지 않다.'라고 상대방에게 말한다면 상대방은 '뭐에 대해서?'라고 물어볼 것이다. 그러면 이어지는 대화에서 '내 형편없는 성적에 대해 행복하지 않아요.'라고 답할 때 여기에서 '~에 대해'라는 뜻의 전치사 'about'을 쓴다. 전치사 청크는 위의 예문들처럼 전치사 앞에서 끊어 읽는다.

3 준동사 덩어리로 정보 세밀화

먼저 준동사의 개념부터 파악해 보자. 준동사란 동사를 명사, 형용사, 부사 역할을 할 수 있도록 만들어 주는 것으로 부정사, 동명사, 분사 이렇게 삼형제가 있다.

첫째, 부정사란 동사원형 앞에 'to'를 붙여서 명사, 형용사, 부사로 만들어준 것으로 명사로 쓰일 때는 '~하는 것'으로, 형용사로 쓰일 때는 '~하는'으로, 부사로 쓰일 때는 '~하기 위해'로 해석된다.

둘째, 동명사란 동사원형에 'ing'를 붙여서 동사가 명사 역할을 하도록 만들어준 것으로 '~하는 것'으로 해석된다.

셋째, 분사란 동사원형에 'ing'를 붙이거나 동사의 'p.p(과거분사)'형태로 바꿔서 동사를 형용사 역할을 하도록 만들어준 것으로 그 종류로는 현재분사와 과거분사 이렇게 두 가지가 있다. 그럼 다음 예문을 읽어 보자.

1) It is impossible / for me to swim across the river.

2) I make it a rule / to take a walk / every morning.

3) I got a job / working with computers.

마지막 문장을 보자. '나는 일을 구했어.'라고 상대방에게 말을 한다면 상대방은 자연스럽게 '어떤' 일이냐고 물을 것이다. 여기에서 '어떤?'에 해당하는 말이 분사 'working with computers.'로 이것은 'job'을 수식하는 말이기 때문에 'working with computers'과 'job'은 끊어 읽게 된다.

4 접속사 덩어리로 정보확장

접속사는 연결사라고도 한다. 연결사란 마치 풀이 어떤 것과 어떤 것을 붙여서 이어주듯 단어와 단어, 구와 구, 그리고 절과 절을 이어주는 말이다. 그런데 구, 절 이것은 무엇일까?

구란 하나의 품사 역할을 하는 두 단어 이상으로 이루어진 단위로 주어 동사 관계가 성립이 안 된다. 반면, 절이란 하나의 품사 역할을 하는 두 단어 이상으로 이루어진 단위로 주어 동사 관계가 성립한다. 아래 예를 보자.

Running a business / is / not easy.

위 예문은 주어와 동사 관계가 성립하므로 하나의 절이 된다. 반면,

'Running a business'는 두 단어 이상으로 이루어졌으나 주어와 동사 관계가 성립이 안 되고 문장에서 주어 역할을 하므로 명사구라고 부를 수 있다.

구 또는 절을 이어주는 연결사의 종류로는 크게 등위 접속사, 종속 접속사, 관계사가 있다. 먼저, 등위 접속사란 단어와 단어, 구와 구, 절과 절 등을 대등하게 연결해 주는 접속사로 크게 다음과 같은 것들이 있다.

💬 **등위 접속사**

and : '~와', 혹은 ~그리고'처럼 앞뒤를 자연스럽게 연결할 때
but : '그러나', '하지만'의 뜻으로 앞뒤가 서로 반대되는 내용일 때
or : 둘 중 선택할 때는 '~또는'의 뜻으로 명령문에서는 '~해라 그렇지 않으면~'의 뜻을 가짐
for : '~때문에'의 뜻으로 앞 문장의 이유를 부가 설명할 때
so : '그래서'의 의미로 so 앞 문장은 원인, 뒷 문장은 결과를 설명할 때

그럼 다음 예문을 등위 접속사에 주의해서 끊어 읽어 보자.

Sally was very angry / and went back immediately to complain.
"Sally는 매우 화가 났다."

라는 문장을 들으면 그 다음에 어떤 말이 나올까? '화가 나서 그래서 ~를 했다'라는 말을 하고 싶을 때, 즉 '그래서'라는 말로 이야기를 이어주고 싶을 때 쓰는 게 등위 접속사 'and'이다. 'and'라는 연결사 앞에서 끊어줌으로써 다음에 올 이야기를 생각해 보는 잠깐의 시간을 가져볼 수 있다.

등위 접속사
and: '~와', 혹은 ~그리고'처럼 앞뒤를 자연스럽게 연결할 때
but: '그러나', '하지만'의 뜻으로 앞뒤가 서로 반대되는 내용일 때
or: 둘 중 선택할 때는 '~또는'의 뜻으로 명령문에서는 '~해라 그렇지 않으면~'의 뜻을 가짐
for: '~때문에'의 뜻으로 앞 문장의 이유를 부가 설명할 때
So: '그래서'의 의미로 so 앞 문장은 원인, 뒷 문장은 결과를 설명할 때

'and'라는 연결사 앞에서 끊어줌으로써 다음에 올 이야기를 생각해 보는 잠깐의 시간을 가져볼 수 있다.

다음으로 종속접속사를 살펴보자. 종속접속사란 주절과 주절에 딸린 종속절을 연결해 주는 접속사로 명사절을 이끄는 종속접속사, 형용사절을 이끄는 종속접속사, 부사절을 이끄는 종속접속사 등이 있다. 다음 예문에서 종속 접속사를 쉽게 찾을 수 있을 것이다.

I'm embarrassed / because the car door was broken.
I'm sure / that they bought the flower.

끝으로, 관계사가 있다. 관계사란 선행사를 꾸며주는 접속사가 이끄는 형용사절로 'who, which, what, whose, whom, what' 등이 있다. 아래 예문을 보자.

Have you forgotten / the hero / who caught the bad guys?

'영웅을 잊었습니까?'라는 말을 들었을 때 어떤 영웅인지에 관한 정보가 궁금해지는데, 이 때 '어떠어떠한 영웅이다'라고 영웅을 설명하는 말이 길게 올 때에는 관계사를 사용하여 부드럽게 연결할 수 있다. 여기서는 영웅에 대하여 설명하는 말이 길어지고 있으므로 'who' 앞에서 끊어 읽으면 된다.

영어가 되기
시작했다

영어가 되기
시작했다

문장을 의미단위로
끊어서 읽으면 글 전체의
뜻을 더 쉽게 이해할 수
있다. 또 읽기 속도가 빨
라져 글을 빠르고 정확하
게 읽을 수 있게 된다.

Ⅰ │ 청크의 비밀상자

1 청크란?

이 책의 시작부터 '청크, 청크' 해 왔으니 앞 장을 읽은 독자들은 청
크에 대해 어느 정도 알았을 것이다. 이번 장에서는 학술적인 측면에
서 청크의 개념을 찾아보고, 그 구체적 예를 들어 쉽게 이야기해 보고
자 한다.

청크는 문장을 이루는 의미단위(말뭉치)를 말한다. 언어학자들은 의
미단위(sense unit, meaningful unit)는 말하는 사람이 문장을 끊어 읽으면
서 생기는 단어덩어리[13]라고 설명한다. 영어 문장은 단어들이 모여
구와 절이 되어 의미를 만들어 낸다. 이렇게 의미단위들이 모여 구성
되므로 영어 문장을 읽을 때 개별 단어의 뜻보다는 의미단위로 내용을
파악하는 것이 더 효율적이다. 문장을 의미단위로 끊어서 읽으면 글
전체의 뜻을 더 쉽게 이해할 수 있다. 또 읽기 속도가 빨라져 글을 빠
르고 정확하게 읽을 수 있게 된다. 이미 많은 학자들은 이 의미단위 즉

---

13) Prator & Robinett, 1985

청크로 학습하면 문장 인식이 쉬워지고 영어의 듣기, 읽기, 말하기, 쓰기 능력의 향상을 보인다고 말하고 있다.

의미단위는 어법덩어리(구문단위), 소리덩어리(호흡단위), 의미덩어리(어휘단위)로 구분할 수 있다. 어법덩어리(통사론적 기반)은 주어덩어리, 준동사덩어리, 전치사덩어리, 접속사덩어리로 구성된다. 소리덩어리(음성학적 기반)은 내용어와 기능어를 중심으로 이루어지며, 기능어 부분에서 호흡이 들어가 다른 소리덩어리와 구분된다. 의미덩어리는 흔히 쓰이는 표현, 감탄사, 연어표현[14], 숙어 등이 있다.

그렇다면 청크를 사용한 영어 학습은 어떻게 다를까? 청크 영어학습법은 의미단위로 영어를 듣고, 말하고, 읽고, 쓰는 훈련을 통해 영어를 활용하도록 한다. 이는 기존 영어학습처럼 문장의 구성성분을 잘게 쪼개어 분석하는 방법과는 다르다. 보다 통합적 접근을 통해 영어를 습득하는 것이라 할 수 있다.

영어 학습에서 청크를 활용하는 것은 인간의 기억력과 관련이 있다. 저명한 인지심리자인 Miller는 인간이 기억할 수 있는 최대의 단어수가 모두 7개라고 말했고, 이것은 학습에서 단기기억 장치 개발의 중요한 시발점이 되었다. 그래서 어떤 이들은 7을 마술의 숫자(Magic number)라고도 한다.

Miller의 말은 영어문장에서 구성 단어수가 7개를 넘어가면 기억이 쉽지 않다는 것을 의미한다. 그런데 만약 2개의 단어로 구성된 의미단위(청크)가 있다고 하자. 단어가 아닌 의미단위로 끊어도 의미단위 하나가 그가 말한 한 단위로 같아진다. 그러면 청크는 단어 하나와 같은

> Miller의 말은 영어 문장에서 구성 단어수가 7개를 넘어가면 기억이 쉽지 않다는 것을 의미한다.

---

14) 두 개 이상의 단어가 결합하여 의미적으로 하나의 단위를 이루는 언어

단위가 된다. 이제 생각해보자. 이 청크가 2개의 단어로 의미를 이룬다면 청크로 기억할 수 있는 수는 배로 늘어나게 된다. 3개나 4개의 단어로 구성된 청크로 끊으면 기억할 수 있는 단어수는 3배, 4배가 되는 이치다. 놀랍지 않은가? 이렇게 청크는 단어로 외울 때보다 훨씬 많은 어휘를 기억할 수 있는 방법이 된다. 또, 반대로 생각하면 아무리 많은 단어로 구성되어 있는 긴 영어 문장이라 할지라도 청크로 끊으면 쉽게 기억할 수 있다.

이런 맥락에서 청크가 제2언어 습득에 응용되기 시작하였다. 초기의 제2언어 습득 이론은 언어를 어휘 단위들의 목록으로 보았다. 어휘 단위를 머릿속에 집어넣고 적재적소에 사용하기 위해서는 단기기억 저장소를 장기기억 저장소로 만들어야 한다고 생각했다. 그래서 나온 것이 어휘 학습법15)이고, 우리나라처럼 영어를 외국어로 배우는 EFL 환경16)에서 그 영향력이 매우 컸다. 왜냐하면 영어에 노출되는 시간이 절대적으로 부족한 환경이라 어휘 목록들을 무조건 많이 익혀야 된다고 생각했기 때문이다.

사실 처음에 청크는 제2언어 습득 연구에서 부정적인 의미로 평가를 받았었다. 즉 학자들이 '청크는 미리 만들어진 형태'17)로 의사소통을 하는데 오류가 되는 원인 중의 하나라고 했다. 왜냐하면 그 당시에는 의사소통중심 교수방법의 중요성이 강조되었고, 학습자가 미리 외워둔 말뭉치 즉 청크는 의사소통의 방해요소가 되어 상황과 맥락을 변질시킨다고 인식했기 때문이다.

---

15) Lexical approach
16) EFL: English as Foreign Language
17) prefabricated patterns, Brown, 1994

　그러나 실제 사용에서는 영어 학습자들이 처음에는 청크를 외워서 사용했지만, 문장에서의 패턴을 익힌 후에는 이를 기반으로 다양한 문장으로 변형, 활용하면서 의사소통을 활발하게 이끌어 가는 것이 발견되었다. 이후 영어교육의 흐름이 의사소통을 강조하게 되면서 청크가 주목을 받게 되었다. 학자들은 특히 영어 듣기와 읽기에서 청크의 활용이 매우 탁월한 효과가 있다고 하였다.

　그런데 듣기 영역에서 청크는 약간 다른 의미로 사용되었다. 영어 듣기 기술에서는 그림자처럼 따라 듣기, 바꾸어 듣기가 필요한데, 전체 지문을 청크로 묶는 것이 영어 듣기에 도움이 되며 이것을 청킹이라 불렀다[18]. 따라서 영어 듣기에서의 청킹은 긴 문장을 몇 개의 핵심 단어로 묶어서 기억하기 쉽게 의미단위로 간소화시키는 것이다. 이 청킹 능력은 영어 듣기에서 긴 텍스트를 정확하게 이해하는데 필수적인 능력이라고 학자들은 말한다.[19]

　청킹은 읽기에서 개별 단어들과 전체 배경 지식을 연결해 주는 역할을 하고, 듣기에서는 긴 정보를 축약해서 청자의 머릿속에 효율적으로 저장시켜 주는 역할을 한다.

　요약하자면 청크로 영어를 인식하고 학습하는 방법은 학습자에게 큰 도움을 준다는 것이다. 자, 아직도 청크가 생소한 단어인가? 이제 청크를 더 쉽게 소개하겠다. 여기에 답답씨와 똑똑씨, 두 사람이 있다. 답답씨와 똑똑씨는 취업준비를 위해서 열심히 영어공부를 하고 있는 취업준비생이다. 오늘 이 두 사람이 영어 학습법에 대해서 어떻게 말

---

18) Rost, 2005
19) Kussmaul, 1995; Mikkelson, 1996

학자들은 특히 영어 듣기와 읽기에서 청크의 활용이 매우 탁월한 효과가 있다고 하였다.

청킹은 읽기에서 개별 단어들과 전체 배경 지식을 연결해 주는 역할을 하고, 듣기에서는 긴 정보를 축약해서 청자의 머릿속에 효율적으로 저장시켜 주는 역할을 한다.

하는지 보자.

┃ 답답씨   **똑똑씨 ┃**

　답답씨는 단어를 많이 외우자고 하였고, 똑똑씨는 말뭉치를 공부해
야 한다고 말한다. 그럼 다음 그림을 보자. 답답씨와 똑똑씨 모두가 열
심히 벽에 페인트를 칠하고 있다. 그런데 두 사람이 들고 온 붓의 크기
가 다르다. 똑똑씨는 큰 페인트 붓을 들고 와서 자신의 생각과 계획에
따라 차분하면서도 효율적으로, 물 흐르듯이 자연스럽게 벽을 칠하고
있다. 저런, 답답씨를 보자. 작은 미술 붓을 들고 와서 한 줄 한 줄, 반
복적이고 기계화된 동작으로 칠하고 있다. 아마 페인트칠을 열심히 배
우기는 했는데 이렇게 실제로 배운 것을 적용해야 되는 상황에서는 잘
안 통하나 보다. 똑똑씨가 붓질을 한 번 할 때, 답답씨는 스무 번도 넘
게 칠하는 것 같다.

▌ 답답씨의 안타까운 선택   똑똑씨의 탁월한 선택 ▌

이번에는 답답씨와 똑똑씨가 페인트칠을 마치고 어디론가 움직인다. 박스가 많이 쌓인 곳으로 가는 듯한데, 박스를 옮기는 것과 영어공부는 무슨 관계일까? 각각 어떻게 박스를 옮기는지 보자.

▌ 답답씨의 안타까운 선택   똑똑씨의 탁월한 선택 ▌

똑똑씨는 박스를 보더니 박스를 옮길 카트를 재빠르게 가지고 온

답답씨에 비해 똑똑씨는 영어 텍스트를 접할 때, 단어를 하나, 하나로 쪼개서 보는 것이 아니라 말뭉치 단위인 청크로 본다는 것을 알 수 있다.

다. 카트를 이용해 뭉치로 한꺼번에 많은 양을 옮기고 있다. 그런데 답답씨는 열심히 한 개씩 옮기고 있다.

제가 취업을 위해 영어공부하는 방법을
몸으로 보여드린다고 했었죠?
보시면 아시다시피 저는 페인트칠을 할 때나 박스를
옮길 때나 하나 하나 세세하게 행동하지 않았어요.
개별적인 것들을 큰 덩어리, 묶음으로 연결해서
보다 넓은 안목으로 보았던 거죠.
그러니 손쉽게 그리고 자연스럽게 마무리할 수
있었구요. 영어도 마찬가지라고 생각해요!
영어 또한 단어 하나하나의 독립적 집합이
아니라 의미를 가진 여러 단어들의
유기적 집합이라고 생각합니다.
이러한 뭉치를 청크라고 하는데요,
이 청크가 커지면 커질수록
영어 습득의 효율성이
저절로 커지더라구요.

이렇게 일하는 두 사람의 서로 다른 방식, 즉 영어를 공부하는 방식의 차이를 이제 느꼈는가? 바꾸어 말하면, 답답씨에 비해 똑똑씨는 영어 텍스트를 접할 때, 단어를 하나, 하나로 쪼개서 보는 것이 아니라 말뭉치 단위인 청크로 본다는 것을 알 수 있다. 앞의 두 사람이 영어를 대하는 스타일을 더 쉽게 이해할 수 있도록 시각화해 보자.

◆ 답답씨 스타일

| Being | able | to read | by | phrases | instead | of | by | single | words |

| results from | practice. |

◆ 똑똑씨 스타일

| Being able to read by phrases | instead of by single words |

| results from practice. |

답답씨는 위의 문장을 'being', 'able', 'to read', 'by' 등으로 하나씩 세분화시켜 낱말로 인식하기 때문에, 읽는 시간이 많이 걸리고 정확도도 떨어지게 된다. 이에 반해 똑똑씨는 'being able to read by phrases', 'instead of by single words' 등과 같이 텍스트를 몇 개의 큰 의미단위로 조합하여 이해하기 때문에 텍스트 인식 속도와 정확도 면에서 훨씬 앞서게 되는 것이다. 이러한 똑똑씨의 스타일, 이것이, 바로 청.크.의 개념이고, 진.짜.영.어.가 되는 길이다.

2 청크 학습의 효과

1) 신속하게 영어로 native처럼 말하기!

국내에서만 영어 공부를 한 사람은, 실제로 영어를 자연스럽게 말해야 되는 상황에서 얼마나 유창하게 영어를 말할 수 있을까? 아마 대부분의 사람들은 자신이 영어로 말해야 되는 상황에서 한글 단어에 상응하는 영어 단어를 떠올리느라 많은 시간을 들일 것이다. 쉬운 예를 하나 들어 보겠다.

여기 외국의 현장 근무 중 커피숍에서 클라이언트를 만날 약속이 있는 정소심씨가 있다. 영어가 잘 안 되니 긴장되는데 요즘 잠을 통 못 자서 그런지 잠이 마구 쏟아진다고 하자. 잠을 깰 수 있도록 진한 커피를 마시고 싶은데 영어로 표현하자니 막막하기만 한 그.

이런 상황에 놓인 정소심씨의 머릿속을 잠시 들여다보자. 지금 정소심씨의 머릿속에는 많은 영어단어와 한글단어들이 뒤죽박죽 섞여서 돌아다니고 있지 않을까? 그는 자신이 말하고자 하는 표현을 영어로 바꾸기 위해서 한글 단어 하나씩 그에 해당하는 영어 단어를 생각해내려고 애쓸 것이다.

그런데 이를 어쩌나? 그럭저럭 나머지 단어들은 영어 단어가 다 떠올랐는데 진한 커피를 표현할 때 '진한'을 어떻게 영어로 표현할지 막막해진다. 정소심씨는 골똘히 고민하다가 마침내 단어를 생각해내고는 스스로 대견스러워한다.

떠올린 영어 표현을 열심히 중얼거리며 충분히 연습한 후, 점원에게 다가갔다. 물론 말하는 정소심씨는 무척 긴장했을 거다.

"I want to drink a dark coffee!"

과연 점원이 알아들었을까? 점원의 표정을 보니 아니다. 그 때부터 머릿속이 지우개로 지워진 듯 하얘지고, 가슴이 두근거린다. 뭐가 틀렸는지 고민하는 정소심씨. 이번에는 'dark'를 다른 단어, 'thick'으로 바꿔서 표현해 본다.

"I want to drink a thick coffee!"

그런데 돌아오는 건 역시나 점원의 알 수 없다는 표정뿐이다. 결국 정소심씨는 진한 커피를 마시지 못했다. 여기서 '진한 커피'는 영어로 어떻게 표현해야 할까? 바로 'strong coffee'이다. 그런데 왜 그는 이 표현을 쉽게 떠올리지 못했을까?

이 상황에서 나타나는 문제점, 그것이 바로 영어 공부를 할 때 우리나라 사람들이 쉽게 빠지는 함정이다. 해외 출장지에 있는 정소심씨는 일종의 'Bilingual'[20]의 상황에 놓여 있기는 하나, 더 정확히 말하자면 'Compound Bilingual Person'의 상황에 빠진 것이다. 쉽게 말하면, 두 개의 언어를 나름 사용할 수 있기는 하지만 'Bilingual'처럼 동시에 영어와 국어를 쓰는 것은 아니라는 것이다.

---

20) 두 개의 언어를 동시에 사용할 수 있는

/ 'Compound
Bilingual Person'이란
자신의 생각을 먼저 한국
어로 구성한 뒤, 이를 영
어로 표현하기 위해 번역
의 과정을 거치는 시스템
을 가진 사람을 뜻한다.

/ 'Coordinate
Bilingual Person'은
국어와 영어 둘 중 어떠
한 언어로도 자연스럽게
이해하고 말할 수 있다.

'Compound Bilingual Person'이란 자신의 생각을 먼저 한국어로 구성한 뒤, 이를 영어로 표현하기 위해 번역의 과정을 거치는 시스템을 가진 사람을 뜻한다. 마찬가지로 이런 사람들은 영어로 된 메시지를 이해할 때에도 그 뜻을 인식하기 전에 먼저 국어로 번역하는 과정을 거친다.

이렇다보니 영어로 무엇인가를 말하려고 할 때 자기도 모르게 국어의 문법적 또는 어휘적 간섭을 받는다. 그래서 우리말은 되나 영어로는 말이 안 되는 문장들이 툭툭 튀어나온다. 앞 상황처럼 갑자기 'thick coffee' 같은 말이 나와 버리고 마는 것이다.

이러한 'Compound Bilingual Person'과 대조되는 개념으로 'Coordinate Bilingual Person'이 있다. 이런 사람은 정보를 이해하고 처리하는 과정에서 두 개의 언어, 즉 한국어와 영어가 각각 독립적인 시스템으로 작용한다. 'Coordinate Bilingual Person'은 국어와 영어 둘 중 어떠한 언어로도 자연스럽게 이해하고 말할 수 있다. 쉽게 예를 들면, 'Compound Bilingual Person'은 한국에서 태어나 한국에서 영어를 배우는 일반적인 사람들이라 볼 수 있다. 이 유형의 사람들은 빵을 보게 되면 한국어로 '빵' 하고 먼저 떠올린다. 반면에 'Coordinate Bilingual Person'은 어릴 때 미국에 가서 영어를 배운 사람들이라 할 수 있는데 이런 사람들은 빵을 보면, 자연스럽게 '빵'과 'Bread'가 동시에 떠오른다. 물론 별도로 번역을 하는 시스템을 거치지 않고서도 말이다.

그렇다면 이쯤해서 "어라, 난, 한국에서 이미 태어나 버렸고, 어릴 때 해외에 가지도 않았고, 더군다나 현재 해외에 가서 영어를 배울 여건도 안 되고…. 그럼 어쩌지? 포기해야 하나?" 란 생각이 들 것이다.

좌절하지 말라. 방법이 있다. 바로 청크 영어학습이 그런 문제들을 해결해 줄 수 있다. 청크로 영어를 공부한다면 우리도 'Coordinate Bilingual Person'이 될 수 있다. 우리는 청크 영어학습을 통해서 단어를 하나, 하나 따로 떼어 인식하는 것이 아닌 학습한 것을 자신의 머릿속에 더 장기적으로 저장하기 위해, 의미단위를 통한 연상의 연결 과정을 거쳐 학습할 수 있다. 그리고 기존에 학습한 것에 새로운 언어 경험을 덧붙여 새로운 단위를 또 생성하고 계속적으로 이런 과정을 거쳐서 자신의 언어단위를 늘려나가는 것이다. 이렇게 의미있게 그룹화된 청크를 통해서 자신이 영어로 무엇인가를 표현해야 되는 상황이 온다면 적재적소에 쓸 수 있게 될 것이다. 바로 기존 단어를 하나씩 떠올려 번역하는 그런 과정을 거치는 것이 아닌, 의미단위인 청크를 그.대.로. 떠올려 상황에 맞게 사용, 즉 빨리 말하고, 쓸 수 있게 될 것이다.

예를 들어, 당신이 업무상 외국 바이어들과 토론을 벌인다고 생각해보자. 상대방의 기분을 상하게 하지 않고 자신의 주장을 펼치기 위해

"당신의 말이 의미하는 것을 알겠어요. 하지만, 저는 이렇게 생각해요."

라고 말하고 싶다고 하자. '당신', '의미하다', '알겠다', '하지만' 이런 식으로 우리말의 단어 각각에 해당하는 영어단어를 하나씩 떠올리고, 문법적 관계까지 따져가며 영어로 말하려면 시간이 상당히 많이 걸릴

우리는 청크 영어학습을 통해서 단어를 하나, 하나 따로 떼어 인식하는 것이 아닌 학습한 것을 자신의 머릿속에 더 장기적으로 저장하기 위해, 의미단위를 통한 연상의 연결 과정을 거쳐 학습할 수 있다.

뿐더러 대화의 흐름도 끊기게 될 것이다. 게다가 상대방은 당신이 얼른 말하기만을 기다리고 있다. 아마 당신의 마음이 무척 불안하면서 다음 말이 잘 생각나지 않을 것이다. 그러나 청크를 활용한다면,

"I see what you mean but…"

라고 상대방의 기분을 상하게 하지 않으면서 자신의 주장을 펼치는 표현을 바로 떠올릴 수가 있게 된다. 마찬가지로

"I think that…"

이라는 청크도 자연스럽게 바로 떠올릴 수 있을 것이다. 즉 의미단위인 청크를 활용하면 영어로 자신의 생각을 더 자연스럽게 빨리 표현할 수 있다. 그리고 무엇보다도 중요한 건 별다른 번역과정을 거치지 않고 쉽고 빠르게 표현할 수 있게 된다. 이처럼 청크를 통해서 여러분도 훌륭한 'Coordinate Bilingual Person'이 될 수 있으니 이 책을 통해 앞으로 달라질 자신의 모습을 기대해 보자.

2) 청크로 무한한 영어 문장 쉽게 만들기!

영어를 잘 하는 사람들은 어떻게 그렇게 무한한 문장들을 쉽게 만들어 낼 수 있을까? 다들 천재라서? 꼭 그렇지만은 않다. 자신이 생각하는 바를 그대로 자연스럽게 막힘없이 영어로 표현해내는 것, 그 원리는 바로 청크에 있다.

여기 이 학생을 보자. 학교에서 열리는 영어 에세이 콘테스트를 위해서 열심히 공부하고 있는 김철저 학생. 중요하다고 생각되는 주제를

의미단위인 청크를 활용하면 영어로 자신의 생각을 더 자연스럽게 빨리 표현할 수 있다.

선정해서 미리 완벽하게 써 놓은 글을 달달 외우고 있다.

기다리고 기다리던 대회 당일, 자신이 생각했던 주제가 나오길 간절히 바랬던 김철저 학생. 그런데 이게 웬일! 전혀 생각지도 못했던 주제가 나왔다. 외웠던 내용을 전혀 쓸 수 없게 되어버린 김철저 학생. 급한 대로 일단 자신의 생각을 한글로 써 내려가기 시작한다. '그래도 한글로는 나름 잘 완성했는데, 이제 영어로 옮기면 되겠다.' 라고 생각하는 그 순간. 한 문장 한 문장을 번역하기가 정말 쉽지 않다는 것을 깨닫고 또 다시 좌절하고 만다. 시간은 다 되어가는데 영어로 번역한 문장은 이제 겨우 3문장, 결국은 거의 비어있는 답안지를 제출한다. 그런데 답안지를 같이 제출한 조능력 학생은 답안지 빽빽이 영어가 적혀 있다. 시험이 끝나고 김철저는 조능력 학생에게 물어본다. 능력이는 외국에 갔다 온 것도, 영어 학원을 다니는 것도 아닌데 어떻게 바로 영어로 쓸 수 있었는지 궁금했기 때문이다.

우와, 능력아. 대단해. 넌 어떻게 그 주제가 나올 줄 알고 미리 다 외웠니?

어? 나 그 주제 전혀 준비한 거 아닌데? 그냥 주제 보고 내 생각을 영어로 바로 썼어^^

김철저   조능력

/ "아, 나는 의미단
위로서 영어 공부를 했거
든. 그랬더니 영어 문장
만들기는 너무 쉽더라."

"너는 어떻게 바로 한글을 영어로 쓸 수 있었니?"

"아, 나는 의미단위로서 영어 공부를 했거든. 그랬더니 영어 문장
만들기는 너무 쉽더라."

능력이가 공부한 방법, 이것이 바로 청크다. 이렇듯 의미단위인 청
크로 영어를 공부하게 되면, 무한한 영어 문장을 쉽게 만들어낼 수 있
게 된다. 정말로 그럴까? 만약 여러분이 '~할 것이다'를 뜻하는 'be
going to~'와 '방과 후'를 뜻하는 'after school' 이 두 개의 청크를 학
습하게 되면 무수히 많은 문장들을 다음과 같이 만들 수 있다.

"I'm going to play soccer after school."

"I'm going to watch movies after school."

"I'm going to study English after school."

"I'm going to visit my grandfather after
school."

"I'm going to cook dinner after school."

이런 식으로 문장의 시작을 구성하는 청크인 'I'm going to~' 그리
고 문장을 수식하는 청크인 'after school' 같은 청크를 학습하여 자신
의 것으로 만들고 나면 그 청크를 조합하여 다양한 뜻을 가진 같은 패
턴의 수많은 문장들을 만들 수 있게 되는 것이다. 다시 말하면, 단어가
아닌 의미를 가진 말의 덩어리인 청크를 바탕으로 영어를 학습하게 되
면 몇 개의 청크로 수십 개의 문장을 만들 수 있다. 더 나아가 수십 개

의 청크로 수백 개의 문장, 수백 개
의 청크로는 상상할 수 없을 만큼
의 무한한 문장을 쉽게 응용해서
만들어 낼 수 있게 되는 거다. 마치
화수분처럼 말이다. 이렇게 청크
학습법은 일종의 자생력을 길러줌
으로써 학습자들 스스로가 문장을
구조화해서 만들어낼 수 있게 도와
준다.

더 나아가 수십 개
의 청크로 수백 개의 문
장, 수백 개의 청크로는
상상할 수 없을 만큼의
무한한 문장을 쉽게 응용
해서 만들어 낼 수 있게
되는 거다.

3) 어휘이해력 및 문맥 파악능력 Up! : collocation으로 지식인 되기!

앞서 언급한 청크의 효과가 청크 영어학습이 가진 장점 중 언어의
생산적인 측면과 관계되는 것이라면, 지금 소개할 것은 청크 영어학습
이 가진 언어의 수용적인 측면에서 찾을 수 있는 효과이다. 좀 더 쉬운
말로 설명하면, 언어의 수용적인 측면이란 주어지는 정보를 쉽게 이해
하고 처리할 수 있는 것을 의미한다.

자, 여기에 TOEIC 시험을 매
달 응시하지만 항상 만족스러운
결과를 내지 못하는 심급해씨가
있다.

심급해씨에게 가장 어려운 문항 유형은 바로 바로 TOEIC의 읽기 영역 중 Part 5 어휘 풀이 문제이다. 이 달에도 시험을 치러 간 심급해씨. 읽기 파트를 풀기 위해서 문제를 마주하는 순간, 역시나 헷갈리기 시작한다.

잠시 나 같이 심급해씨가 고민하며 풀고 있는 문제들을 들여다보자.

16. After a short (_____), we were back in our table to enjoy the music performance.

A) interval

B) intrench

C) formula

D) residence

심급해씨는 빈 칸에 들어갈 알맞은 말을 골라야 하는데 쉽게 결정을 내리지 못한다. 자, 여러분은 정답을 알겠는가? 정답을 아는 사람들은 이 문제를 어떻게 풀었을까? 바로 청크 영어학습을 통해 쉽게 풀 수 있다. 청크를 통해서 공부를 한 사람들은 이런 문제쯤은 "이 까짓 거 대충 봐도 답이 나오네~" 하면서 쉽게 정답을 체크하고 넘어갈 수 있게 된다.

그럼 확연한 비교를 위해 청크 비학습자와 청크 학습자의 문제 풀이 과정을 16번 문항을 예로 들어서 각각 살펴보자. 먼저 심급해씨와 같은 청크 비학습자의 문제 풀이 과정을 들여다보자.

그는 그의 머릿속 복잡한 과정을 통해 보기로 나온 어휘 각각의 뜻을 떠올리며, 이리저리 열심히 생각한다. 그러나 정답은 확실하게 고르지 못한다. 그 이유는 무엇일까? 그는 어휘의 뜻을 사전적 정의 그대로 하나씩만 외웠기 때문에 문맥상에서 그 어휘가 실제적으로 어떻게 쓰이는지에 대해서는 전혀 공부하지 않았다.

그럼 똑같은 문제를 푸는 청크 학습자의 풀이 과정을 살펴볼까? 아래 그림처럼 청크로 학습한 사람은 더 쉽게 문제를 푼다.

단어장만 가지고 단
어의 철자와 뜻을 열심히
외운 사람들과 청크를 통
해 의미단위를 공부한 사
람들의 차이는 명백하다.

자, 청크 학습의 효과를 이제 다 알겠는가? 단어장만 가지고 단어의 철자와 뜻을 열심히 외운 사람들과 청크를 통해 의미단위를 공부한 사람들의 차이는 명백하다. 이러한 차이는 실생활의 의사소통에서뿐만 아니라, 주어진 정보를 이해하고 문제를 해결해야 하는 어학 시험에서도 드러난다.

'after a short interval'이라는 하나의 청크를 인지한 학습자들은 'interval' 칸이 빈 칸으로 비어 있을 때 그 정답을 쉽게 찾는다. 그리고 다른 보기들을 하나씩 넣어 봤을 때 우리나라 말로 해석하면 말은 그럴 듯하게 되지만, 실제적으로 영어를 모국어로 쓰는 사람들은 그러한 어구를 쓰지 않는다는 것을 알고 있다. 이것이 바로 청크의 힘이다.

3 청크 학습법의 요소

　우리는 새로운 것을 배울 때 어떻게 배우는가? 질문을 조금 더 자세히 하자면, 여러분은 새로운 것을 학습할 때 어떠한 학습법을 선호하는가? 무조건 외우기, 반복학습, 큰 소리로 외우기, 쓰면서 외우기, 앞글자만 따서 외우기, 전체 줄거리 이해하기, 밑줄 치면서 외우기 등등 그 방법은 많다. 그리고 사람에게 맞는 방법은 각각 다르다.

　우리는 모두 태어나서부터 지금까지 공부하면서 자신에게 맞는 학습법을 각자 개발해왔다. 학습법은 개개인마다 선호하는 방법이 다르고, 배우는 과목에 따라서도 요령이 매우 다르다. 그럼 청크를 배울 때 어떤 학습법이 가장 효과적일까? 청크 영어 학습에는 독특하고 특별한 요령이 필요하다.

자, 청크 영어학습의 요령을 배우기 전에 먼저 간단한 문제를 한 번 풀어보자. 다음 페이지에 있는 도형은 여러분에게 익숙하지 않은 것들이다. 하지만 여러분이 가지고 있는 각자의 학습법으로 그 도형들을 외어보자.

주어진 시간은 1분, 준비 되었는가 ?

준비 되었다면 시작!

⌐∪∟⊐∩⊏⌐∩⌐

다 외웠는가?

시간이 부족한가? 그래도 1분 넘으면 반칙이다. 이제 다음 페이지로 넘어가서 질문에 답해보자.

문제 1. 총 몇 개의 도형이 있었나요?

문제 2. 같은 모양의 도형들은 몇 개였나요?

문제 3. 'ㄷ' 양 옆에 있는 도형 두 개를 써 주세요.

문제 4. 모든 도형들을 순서대로 써 주세요.

새로운 도형들을 익숙하게 만드는 작업을 한다. 이 단계를 'Sensing'이라고 한다. 우리가 하는 모든 학습은 바로 이 'Sensing'으로부터 출발한다.

답을 다 썼다면 앞 페이지로 돌아가서 정답을 확인해 보자.

생전 처음 보는 도형들이라 이거 어떻게 외워야할지 막막했는가? 만약 다 맞췄다면 당신은 매우 기억력이 좋다. 그러나 여러분 대부분은 한 문제도 못 맞추었을 것이다.

여러분이 처음 이 도형들을 보았을 때, '이게 뭐지?'하고 어리둥절했을 것이다. 그리고 이 도형들을 몇 번이나 보고 머릿속에 그려보면서 이 도형과 친해지는 단계를 경험했을 거다. 즉, 새로운 도형들을 익숙하게 만드는 작업을 한다. 이 단계를 'Sensing'이라고 한다. 우리가 하는 모든 학습은 바로 이 'Sensing'으로부터 출발한다.

'Sensing'은 사람의 눈, 귀 등의 오감으로 직접 인식된 정보를 우리가 의식하는 것을 말한다. 이 때 인식된 정보가 우리가 이미 알고 있는 경험과 비슷하고 익숙한 것이라면 그것을 이해하는 데 시간이 얼마 걸리지 않는다. 하지만 그 대상이 전혀 새로운 것이거나, 익숙하지 않다면 이해하는데 더 많은 시간 걸린다.

여기 있는 사과가 과연 달까? 만약 이 사과가 쓴 맛을 낸다면, 여러분의 지식에 이제껏 축적해 놓은 'Sensing' 데이터들은 혼란을 가져올 것이다. 왜냐하면 우리는 이미 '사과는 단맛을 낸다'라는 'Sensing'에 익숙하기 때문이다.

그렇기 때문에 우리는 앞선 도형들과 익숙해지는 일에 30초 이상 허비했을 것이다. 그렇다면, 만약 이 도형과 익숙해진 다음에는 어떻게 될까? 이미 Sensing이 일어났다면, 그런 사람은 다음 단계인 'Chunking'을 하게 된다. 'Chunking'은 우리 뇌에서 어떤 기준을 세워 새로운 정보를 구조화하는 것을 말한다. 쉽게 설명하겠다. 자, 다음과 같은 전화번호가 있다. 이 숫자를 외워 보자?

01012345678

벌써 외웠는가? 사실 한국 사람에게 이 번호는 정말 쉽다. 왜냐하면 매우 익숙한 번호의 나열이라 자신도 모르게 숫자를 'Sensing'하고 'Chunking'하는 기술을 썼기 때문이다. 그러나 이러한 숫자 나열은 다른 나라 사람들에게는 무척 생소하다.

차근차근 그 단계를 설명해 보면, 먼저 우리는 이 숫자가 휴대폰 번호라는 것으로 'Sensing'했다. 그리고 속으로 '이 사람은 010 번호를 가지고 있어.'라고 생각했을 것이다. 다음으로 우리나라에선 대부분의 휴대폰 번호가 'XXX−XXXX−XXXX'으로 나뉜다는 것을 우리는 알고 있었다. 그래서 이 번호를 다음과 같이 휴대폰 번호처럼 'Chunking' 했다.

010-1234-5678

그러니 '010은 다들 쓰는 번호니 이거 빼고 외우면 되겠구만!' '어

> 'Chunking'은 우리 뇌에서 어떤 기준을 세워 새로운 정보를 구조화하는 것을 말한다.

랏, 1~8 까지 숫자네? 그럼 앞에 1, 2, 3, 4 그리고 뒤에 5, 6, 7, 8을 넣으면 되겠군!' 이런 생각도 눈 깜짝할 사이에 하지 않았는가?

이런 'Chunking' 기술로 앞서 나왔던 도형들을 분리해 보면,

어, 이렇게 자르고 보니 규칙이 보이는 듯 하다. 규칙이 보이는가?

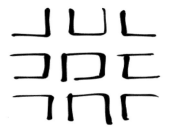

바로 우물 정자이다. 자, 다시 질문으로 가볼까? 위의 도형을 보지 않고 밑에 질문을 답해보자.

문제 1. 총 몇 개의 도형이 있었나요?

문제 2. 같은 모양의 도형들은 몇 개였나요?

문제 3. 'ㄷ' 양 옆에 있는 도형 두 개를 써 주세요.

문제 4. 모든 도형들을 순서대로 써 주세요.

아까보다 쉽게 답할 수 있는가? 그렇다. 이것이 청크 학습법의 마지막 요소인 'Snowballing'이다. 여러분이 도형 문제를 처음에는 다 틀렸지만, 앞선 도형들 집합의 규칙과 법칙을 알고 난 뒤에는 다 맞출 수 있었다. 바로 이 'Snowballing'의 단계에서 'Sensing'과 'Chunking'에서 얻은 규칙과 법칙을 가지고 자유자재로 영어문장을 만들어 낼 수 있다.

> 'Snowballing'의 단계에서 'Sensing'과 'Chunking'에서 얻은 규칙과 법칙을 가지고 자유자재로 영어문장을 만들어 낼 수 있다.

4 단계별 청크 학습법

단계형 청크 학습법은 영어의 각 영역들을 따로 구분하는 것이 아니라 총체적으로 통합하여 단계별로 학습하는 것을 뜻한다. 이 학습법의 특징은 아기들이 언어를 배우는 방법과 비슷하게 진행이 된다는 점이다. 즉, 단계별로 조금씩 청크의 원리를 습득하고, 습득된 청크 원리를 다시 여러 상황에서 연습해보며, 자신의 것으로 만들어 청크의 원리를 내재화해가는 일련의 과정을 거치는 것이다. 또한 우리는 이 과정에서 자연스럽게 청크를 습득하게 된다. 그러면 단계형 청크 학습법의 각 단계에 대해서 살펴보자.

1) Sensing

'Sensing' 단계에서는 듣기, 말하기, 읽기, 쓰기의 통합적인 활동을 통해서 청크를 감지하고 인지하게 된다. 입력된 청크를 식별하고, 소리 내어 말하는 등의 기초 활동을 통해 자신감을 높이는 단계이기도 하다.

2) Chunking

'Sensing' 단계에서 맛을 본 청크를 청킹의 원리에 따라서 의미단위로 구분하는 단계이다. 'Chunking' 단계는 이후 청크 영어학습에 있어서 중요하다고 할 수 있다.

3) Snowballing

'Snowballing'은 'Chunking' 단계에서 끊은 의미단위를 학습하고, 새로운 상황에 적용해 보거나 연습하는 것으로 정확성과 유창성을 둘 다 중시하는 단계이다. 'Chunking'에서 정확성이 목적이었다면, 마지막 'Snowballing' 단계는 정확성과 유창성을 둘 다 중시된다. 이 단계에서는 글자 언어를 결합하여 어휘 목록들이 어떤 식으로 결합되고 그 순서가 어떻게 되어 가는지 그 원리를 완벽히 파악할 수 있기도 하다.

단순히 유창한 언어를 머릿속에 저장했다가 그냥 꺼내는 것이 'Sensing', 'Chunking' 이었다면, 'Snowballing' 단계는 의미단위들을 머릿속에 체계적으로 잘 정리해서 집어넣고 자유자재로 쓸 수 있도록 자신만의 플랫폼을 구성하여 심화 · 적용시킨다. 즉, 빠르게 읽고 빨리 듣기 위한 스피드를 높이는 단계이다.

그리고 이 단계에서의 청크 말하기는 인지하고 있던 청크를 실제적인 의사소통 상황 또는 실제적인 의사소통상황을 가정하여 말해보는 것을 뜻한다. 그런데 단순히 학습한 청크들을 연습하라고 하면 재미가 없지 않을까? 여기에 다양한 방법을 얹어주면 청크를 더욱 재미있고 효과적으로 학습할 수 있다. 그 방법들은 뒤에서 더 설명하기로 한다.

발음중심 청크는 효과적인 의사 전달을 위하여 하나의 청크 또는 여러 개의 청크를 단락 지어 끊어 읽는데, 끊어 읽는 단락 위치는 화자의 속도 또는 강조하고자 하는 것 등에 따라 다르지만 일반적인 규칙이 있다. 의미덩어리로 끊어(/)서 읽거나 숨을 (//) 쉬고 읽으며 억양과 박자를 맞추어야 한다.

의미 청크로 'Snowballing'하기 위한 필수조건은 끊어 읽기를 원활하게 하는 것이다. 끊어 읽기의 중요성은 군이 설명하지 않아도 다들 잘 알고 있을 것이다. 그런데 무조건 그냥 적당한 곳에서 끊어 읽으면 만사 OK일까? 끊어서 듣기, 말하기를 잘하기 위해선 영어 문장의 구조에 대한 지식이 필요하다. 즉, 주어, 동사, 목적어, 수식어, 접속사에 대한 기본 지식이 있어야 확실하게 마스터할 수 있다. 이런 지식 없이 무작정 끊어 듣기, 말하기를 한다면, 어디서 끊어야 할지도 모르고, 대충 끊어 읽어도 의미의 연결이 잘 되지 않는다. 그래서 영어의 문장 구조에 대한 기본을 쌓는 것이 독해든, 끊어 듣기, 말하기든 영어 공부에선 필수라 할 수 있다.

그리고 강세를 받는 부분과 원어민이 호흡을 올렸다 내렸다 하는 곳을 의식적으로 인식하다 보면 자연스레 청크에 대한 '감'이 발달하고, 그 미세한 끊어 말하는 호흡을 듣게 되면서 새로운 영어의 길이 보이게 된다. 끊어 읽기는 모든 문제의 기본이며 문법을 학습하는 제일 중요한 이유이다.

/ 의미덩어리로 끊어 (/)서 읽거나 숨을 (//) 쉬고 읽으며 억양과 박자를 맞추어야 한다.

/ 끊어 읽기는 모든 문제의 기본이며 문법을 학습하는 제일 중요한 이유이다.

5 청크 영어학습과 독해력

우리나라 영어교육의 궁극적인 목표는 영어로 의사소통을 할 수 있는 능력을 기르는 데 있다. 특히 2015 개정 교육과정에서는 영어의 4가지 기능 즉 듣기, 말하기, 읽기, 쓰기 능력을 균형있게 습득하는 데 그 목적을 둔다. 우리가 음성언어(듣기, 말하기)만 강조하면 읽기의 중요성이 약화될 수 있다. 또한 읽기를 통한 글의 이해와 기억 및 정보회상의 훈련 없이 주어진 지문을 반복하고 암기하게 하는 기계적인 학습은 의사소통능력과는 거리가 멀게 만드는 결과를 가져온다.

그런데 언어능력은 단순히 말할 때의 유창함만으로는 충분하지 않다. 앞서 우리가 파트2에서 살펴보았듯이 문해력 높은 영어는 단순한 의사소통기능을 넘어서는 글로벌 사회에서의 역량과 직결되는 언어능력이다. 문해력 높은 영어를 위해선 빨리 읽고 잘 이해하는 게 필요하다.

최근 들어 전 세계에 영어로 유통되고 있는 정보의 양은 갈수록 많아지고 실생활과 점점 밀접해지고 있다. 영어로 된 정보를 우리가 받아들이는 방법은 주로 듣기와 글을 읽는 것이다. 이는 영어로 듣기와 읽기에 능숙해야 필요한 정보를 빠르게 얻을 수 있음을 시사한다. 특히 EFL상황에서 영어를 배우는 사람이 정보를 얻는 가장 쉬운 방법이 영어로 듣기와 읽기이다. 또 읽기는 영어의 4기능 향상을 돕는 바탕이 되기도 한다.

여기서 잠깐 우리나라 교육을 돌아볼 필요가 있다. 생각해 보자. 한국의 교육과정상 우리는 초등학교 3학년부터 영어를 시작한다. 초등 4년, 중·고등 6년, 대학교를 거쳐 무려 10년이 넘도록 영어를 배우며,

사실상 중등교육부터는 거의 읽기에 중점을 둔다. 그런데 우리나라 대부분의 학생들이 영어읽기를 쉽다고 여기는가? 그렇지 않다. 왜 그럴까? 학생들이 읽기에 어려움을 느끼게 된 데는 개인의 수준, 학습 경험, 배경 지식 등의 차이도 한 몫 한다. 하지만 대부분의 경우, 여전히 문법번역의 교수·학습 방법이 주를 이루고 있기 때문이다. 방법적인 개선 없이 문법번역식 독해로 읽기가 이루어진다면 독해력 향상도 기대할 수 없다. 오늘날처럼 인터넷의 발달로 인해 영어로 된 엄청난 양의 정보를 수용하고, 자신의 의사표현을 해야 하는 실제적 환경이 급증하고 있는 상황에서 초등 저학년부터 영어 독해력 향상을 위해 읽기 지도에 큰 변화가 필요한 것이다.

그렇다면 읽기란 무엇인가? 읽기는 인쇄되었거나 쓰여진 인쇄의 기호(문자)를 통하여 얻어지는 사고 행위로 볼 수 있다. 또한 책이나 논문 등을 쓴 필자의 표현을 이해하는 과정이며 읽기 과정은 글쓴이에 의하여 만들어진 언어 기호에 축적된 경험을 부여함으로써 얻어지는 이해[21]라고 할 수 있다.

여기서 말하는 읽기는 제한된 시간에 많은 양의 정보를 읽고 이해하는 능력을 말한다. 어떻게 해야 제한된 시간에 더 많은 정보를 읽고 이해할 수 있을까? 가장 필요한 능력은 영어의 어순대로 앞에서부터 읽어가면서 바로 이해하는 직독직해 능력, 그리고 빠른 속도로 읽고 이해하는 속독속해 능력이다. 이러한 능력을 다른 말로 독해력이라고도 한다. 독해력을 파악하는 문제들은 토익(TOEIC)과 토플(TOEFL)은 공인 영어시험을 비롯하여 대입수능시험에서도 큰 비중을 차지하

---

21) 임병빈,1986

/ 독해는 독자의 기억으로부터 정보나 지식을 재생시켜 교재 속에 숨어 있는 정보를 해석하기 위하여 문자를 매개체로 기존 정보를 활용할 수 있는 능력을 말한다.

/ 수능 도입 이후 정확성보다는 유창성에 더 중점을 두고 있다.

고 있다.

독해력의 핵심은 역동적인 두뇌의 행위로써 문장의 의미에 대한 정확하고 효율적인 분석에 있다고 본다. 독해력은 독서 능력을 발전시켜 높은 수준의 사고 단계에 이르게 하며, 여기에 도달했을 때 독서를 통해 풀어야 하는 과제를 쉽게 완성한다고 보았다.

독해는 저자가 문자 형태로 기호화해놓은 메시지를 재구성하는 심리언어학적 과정이라고 정의22)하거나 독해란 교재에서 특정한 정보를 얻기 위하여 독자가 수행하는 일련의 인지적 과정23)이라고도 한다. 정리하면, 독해는 독자의 기억으로부터 정보나 지식을 재생시켜 교재 속에 숨어 있는 정보를 해석하기 위하여 문자를 매개체로 기존 정보를 활용할 수 있는 능력을 말한다.

이전의 학력고사는 정확성을 묻는 문제가 많았다. 그러나 수능 도입 이후 정확성보다는 유창성에 더 중점을 두고 있다. 문법적 용어 사용을 지양하고 유창성을 강조하면서 점차 지문의 길이도 길어졌다. 다양한 주제의 내용으로 인해 학생들은 많은 배경지식을 바탕으로 지문을 신속하게 읽고 요지를 파악하는 훈련을 해야 한다. 그러나 아직도 우리의 영어학습 전략은 문법 중심의, 분석하는 영어에 머무르고 있는 경우가 허다하게 많다. 이제 문법 번역을 위주로 한 학습법에서 탈피해 글을 빨리 읽고 주제를 파악하는 것으로의 변화가 요구되고 있다.

---

22) Goodman, 1970
23) 정길정, 1996

그동안 영어학자들을 중심으로 독해력을 효과적으로 향상시키기 위해 많은 연구가 있었다. 그 중 청크를 활용한 독해 방법은 언어에 유창성과 자동성을 주어 더욱 빠른 언어수행능력을 길러준다고 한다.24) 대부분의 학자들이 의미단위로 파악하는 것이 더 효율적이며, 의미단위로 끊어 읽으면 글 전체를 더 쉽게 이해할 수 있다고 한다. 또한 청크로 끊어 읽으면 읽기 속도는 더 빨라진다.

청크 독해법은 주어진 시간에 독해를 해야 하는 상황에서 매우 효과적이라는 결과도 있다.25) 그럼에도 불구하고 아직 우리나라 영어교육 현장에 제대로 알려지지 못하였다. 이제서야 의미단위 학습법이 주목을 받고 있으며 일부 영어 프랜차이즈 시장에서 활발하게 청크 학습법이 활용되고 있다. 그럼, 지금부터 청크 영어학습으로 독해력을 향상시키는 비법을 알아보자.

원어민들은 1분당 최소한 150단어 이상을 읽을 수 있다고 한다. 그러나 속독 방법을 익히지 않은 EFL학습자들은 원어민들에 비해 적어도 두 배 이상의 독해시간이 필요하다. 영어학습자가 원어민 이상의 읽기 속도를 확보하지 못한다면 결국 읽기나 듣기도 원활하게 활용할 수 없게 된다. 따라서 우리나라 영어학습자들은 보다 적극적이고 효율적인 독해 활동이 필요하다. 또한 뇌가 읽은 정보를 효율적으로 인지하고 저장하기 위해서 낱개보다는 한 번에 충분한 양의 정보를 받아들이는 것이 좋다. 독자가 너무 천천히 글을 읽으면 각 단락의 중심 생각을 연결하기 어렵고 이해도는 더 떨어진다고 한다. 글의 중심 내용과

우리나라 영어학습자들은 보다 적극적이고 효율적인 독해 활동이 필요하다.

---

24) Newell, 1990
25) Bachman & Palmer, 2005

글의 중심 내용과 세부적인 내용을 빠른 속도로 파악하기 위해 필요한 방법이 바로 속독이다.

영문을 직독직해한다는 것은 무엇일까? 우리가 국어를 읽을 때처럼 왼쪽에서 오른쪽으로 차례로 읽어 나가면서 그의미를 바로 이해하는 것을 말한다.

청크 영어학습은 독해력을 묻는 읽기 능력 위주로만 치우쳐 있는 것이 아니다.

세부적인 내용을 빠른 속도로 파악하기 위해 필요한 방법이 바로 속독이다. 속독은 글 전체의 짜임새를 한 묶음으로 이해하는 독서능력을 길러준다. 이런 속독의 독해력을 기를 수 있는 것이 바로 청크 속독을 통한 독해다.

이 학습법은 읽기 중심에 맞추고 있기 때문에 학습자들이 글을 읽고 의미를 이해하는 훈련을 하는데 도움을 준다. 그러나 청크로 끊는다고 하여 그 의미를 완전히 이해할 수 있는 것은 아니다. 그것은 학습자의 어휘력에 따라 차이가 있기 때문이다. 모르는 단어를 일일이 찾아가면서 이해하는 것은 직독직해라고 볼 수 없다. 자기주도적 태도를 지닌 학습자가 영어 문장을 의미단위별로 이해할 수 있는 의미단위 해석법이 필요하다.

여기서 영문을 직독직해한다는 것은 무엇일까? 우리가 국어를 읽을 때처럼 왼쪽에서 오른쪽으로 차례로 읽어 나가면서 그 의미를 바로 이해하는 것을 말한다. 마치 연설을 듣고 이해할 때와 같이 읽어가는 방향에서 역행하는 일이 없이 그대로 의미를 파악하며 읽어나가는 것이다. 이것은 동시에 두 단어 이상을 읽어야 속독이 가능하며, 의미 파악에도 도움을 준다. 그렇게 하기 위해서 한 눈에 될 수 있는 대로 많은 단어를 한 눈에 포착하는 연습을 해야 한다. 3－4단어를 한 눈에 읽을 수 있는 것은 연습을 하면 가능하다.

그런데 청크 영어학습은 독해력을 묻는 읽기 능력 위주로만 치우쳐 있는 것이 아니다. 읽기에 중점을 둔 것을 극복하여 점차 언어기술의 듣기, 말하기를 향상시키기 위해서도 사용할 수 있다. 듣기, 말하기를 향상시키기 위한 학습법은 교재나 교과서, 대화문 등 실제 사용 가능한 텍스트나 담화를 기본으로 하고, 그것을 청크로 나누는 작업을 선행한다. 청크로 나눌 때는 '/'표시를 쓰고 말할 때 쉬고자 하는 부분에 점을 찍는다. 즉, 청크로 나누며 말할 때 쉬는 부분으로 나눈 후, 청크를 학습자 스스로 알게 만든다. 그리고 학습자가 알게 된 청크를 연습하는 것이다.

연습할 때는 다양한 몸동작이나 비트, 또는 시각화된 자료가 보조 자료로 제공된다면 훨씬 효과적이다. Birch(2007)에 의하면, 제2언어를 배우는 학습자는 복잡한 문장을 읽을 때 우선 물리적으로 텍스트에 있는 구를 표시할 수 있고(청크), 각 구안에서 주요한 단어는 강세를 받고 그 나머지 단어는 강세를 받지 않는데 이런 구에 있는 강세(비트)를 이해하면 속독에 도움을 준다고 주장하였다. 예를 들어, 손동작을 이용하여 물결무늬를 만들어 언어의 고저를 보거나 강세가 있는 부분은 굵게 표시한다. 끊어서 읽을 때는 손뼉을 치거나 발 구르기를 한다. 그런 동작을 하며 학습자는 계속 반복한다.

이렇게 익힌 청크를 친구들과 연습해 보면 더 좋다. 여기서의 연습이란 일종의 역할놀이이다. 그 후에 익힌 표현들을 자신의 저널에 기록한다. 이는 학습 내용을 정리하고 메타인지로 학습 내용을 계획하고 모니터하는 것이다. 저널 쓰기는 자신의 학습 내용을 반성해 보는 기능과 더불어 일종의 컨트롤 타워 역할을 한다. 청크 저널작성은 어휘교수법에서 강조하는 어휘 목록을 노트에 정리하는 것과 동일한 원리이기도 하다.

청크 영어학습법은 학습자들이 영어로 말하는 시간을 주기 위해 말해야 될 청크를 미리 제시해 준다. 처음에는 학습자가 제시된 청크를

연습할 때는 다양한 몸동작이나 비트, 또는 시각화된 자료가 보조 자료로 제공된다면 훨씬 효과적이다.

청킹을 통한 속독은 글의 내용을 빠르게 이해하여 집중력도 계속 유지시킬 수 있는 효과를 준다.

따라하지만, 시간이 지나감에 따라 스스로 변형시키기도 하고, 적극적으로 의사소통 작업에 참여하기도 한다. 즉, 의사소통교수법에서 요구하는 것처럼 적극적인 참여와 자기주도적 학습을 통해 계속하다 보면 표현력이 더욱 향상될 수 있다.

보통의 영어 학습자들의 독해 방법은 문장을 단어 중심별로 나누고 다시 국어로 번역하여 글의 내용을 이해하는 식이다. 그런데 이 방법은 오히려 읽기 속도를 저하시킬 뿐만 아니라 글의 핵심을 파악하는 데 오류를 만든다. 반대로 속독은 모든 단어를 다 읽지 않더라도 의미 단위로 신속하고 정확한 이해가 가능하게 만든다.

청크 속독을 하면 청크로 읽을 수 있어서 훨씬 빠르고 쉽게 지문을 이해할 수 있다. 우리 두뇌가 생각하는 사고의 속도는 눈이 글자를 읽는 속도보다 훨씬 빠르다. 그러니 문장을 천천히 읽고 해석한다면 그 속도를 따라갈 수 없게 되므로 집중력 또한 저하되기 쉽다. 그러나 청킹을 통한 속독은 글의 내용을 빠르게 이해하여 집중력도 계속 유지시킬 수 있는 효과를 준다. 그리고 문장을 단어별로 나눈 뒤, 낱말의 의미를 먼저 기억하고 나서 국어로 번역하는, 중복적이고 불필요한 과정을 단축시킨다. 요약하자면 청크 속독은 필요 이상의 시간과 노력을 들이지 않고도 영어 지문의 중요한 메시지를 파악하게 해 준다.

이제, 청크 속독의 4원칙으로 정리해 보자. 문장 속에서 청크 단위로 끊어 읽는 것을 '청킹'이라고 한다. 속독을 할 때 청크로 끊어 읽기가 중요하다는 것을 충분히 이해했을 것이다.

1) 긴 주어 뒤에 속독 청킹한다.

긴 주어란 주로 부사, 형용사로 수식하는 구, To 부정사구가 명사적 용법으로 쓰일 때, 동명사구, 명사절, 의문사절, What 관계대명사절을 의미한다. 속독 청킹 방법은 긴 주어들 앞에서 끊어 읽는다.

① A very handsome guy / is in the car.

　　아주 잘 생긴 남자가 / 차안에 있다.

② To study hard / is your duty.

　　열심히 공부하는 것은 / 너의 의무이다.

2) 전치사 앞에 속독 청킹한다.

수식어구 앞, 전치사 앞에서 끊어 읽는다.

① A person / with these characteristics / will become a good co－worker.

　　사람은　 / 이러한 특성을 가진　　 / 좋은 동료가 될 것이다.

3) 준동사 앞에 속독 청킹한다.

현재분사, 과거분사, 형용사, to 부정사 앞에서 끊어 읽는다.

① I know the girl / singing on the stage.

　　나는 그 소녀를 안다 / 무대에서 노래하고 있는

② A person / invited to the party / has to wear a suit.

　　한 사람은 / 그 파티에 초대받은 / 양복(정장)을 입어야 한다.

> **청크 속독의 4원칙**
>
> 1. 긴 주어 뒤에 속독 청킹한다.
> 2. 전치사 앞에 속독 청킹한다.
> 3. 준동사 앞에 속독 청킹한다.
> 4. 접속사 앞에 속독 청킹한다.

4) 접속사 앞에 속독 청킹한다.

명사절을 이끄는 접속사, 의문사(when, where, who, what, how, why, which 등), 접속사 that, 관계사 앞에서 끊어 읽는다.

① They will learn / that most good things must be earned / through their efforts.

그들은 배울 것이다 / 대부분의 좋은 것들은 얻어야 한다는 것을 / 그들 의 노력을 통해서

② Can you tell me / where I can catch my train?

말해 줄 수 있나요 / 어디서 열차를 탈수 있는지

영어 학습자들은 영어문장이 길어지면 정확한 내용을 파악하는 데 어려움을 겪는다. 문장이 길어질수록 더 힘들어한다. 그 이유는 문장 을 어디까지 끊어 읽어야 하는지 모르기 때문이다. 그리고 가끔씩 분 명하게 의미단위가 나누어지는 것이 아니라 모호하게 의미단위가 나 누어지게 될 경우 해석이 되지 않는다. 이런 어려움은 앞의 4가지 원 칙에 맞춰 청킹함으로써 학습자들이 좀 더 쉽게 독해를 연습하는 것으 로 해결될 수 있을 것이다.

학습자는 끊어 읽기를 통해 청크를 파악하고 이 때 파악된 단어들은 학습자의 뇌에 저장된다. 학습자는 이런 긴 청크 단위를 파악하고 있다 가 다음에 비슷한 내용이 나오면 다시 정보를 처리할 필요 없이 바로 의미를 파악할 수 있게 된다. 즉 청킹이 빠른 읽기에 도움을 준다.

Ⅱ | 영어의 비트, 스트레스, 라임 타기

1 영어는 스트레스 단위. 즉 비트 느끼기

1) 영어는 강세중심 언어(stress-timed language)

강세는 영어의 음절을 나누어주는 기준이 되는 것으로 한국어와 영어의 발음에 영향을 주는 대표적인 요소 중 하나이다. 영어에서 두 음절 이상의 낱말을 발음할 때 한 음절이 다른 음절보다 더 두드러지는 소리의 크기를 강세라고 한다. 영어를 어렵게 만드는 중요 요인 중 하나가 바로 강세이다. 앞서 말했듯이 우리말은 음절중심 언어이지만 영어는 강세가 중심이 된 언어다. 다시 말하면, 국어는 모든 음절이 거의 동일한 길이와 세기로 발음되지만 영어의 경우 음절마다 세기와 길이가 다르다.

영어문장에서 중요한 단어는 크고 분명하게 발음하고 덜 중요한 단어들을 모아 약하게 발음한다. 이런 현상은 영어문장에 리듬감을 주고 중요 단어들이 도드라져 의미가 전달되게 한다. 이러한 강세는 영어에서 독특한 특징들 중 하나이며 문장 전체의 리듬과도 직결되어 있다.

강세가 중요하다는 것은 깨달았는데, '강세 때문에 정말 우리가 그들의 말을 못 알아들을까?' 라고 생각하는 사람도 있을 것이다. 그 이유는 우리는 항상 평이한 말, 강세가 없는 우리말에 익숙하기 때문에 강세를 사용하는 영어를 들으면 그 소리에 민감하지 못해서 잘 알아들을 수 없기 때문이다.

국어는 모든 음절이 거의 동일한 길이와 세기로 발음되지만 영어의 경우 음절마다 세기와 길이가 다르다.

어느 한국인이 미국 여행을 가 식당에서 피자와 샐러드를 주문하려고 했
다. 먼저 피자는 주문을 했는데 샐러드에서 문제가 생겼다. 그가 '샐. 러. 드'라
고 발음한 순간 주문을 받던 종업원이 인상을 찌푸렸다. 다시 말해달라고 해
서 또박또박 천천히 '샐. 러. 드.' 라고 했다. 그러나 종업원은 여전히 알아듣지
못했다. 한국인이 할 수 없이 메뉴판을 펼쳐서 손으로 가리키니 종업원은 그
제서야 이해했다고 한다.

여기서의 문제가 무엇인가? 역시나 한 자, 한 자 끊어 읽는 습관을
가진 한국인의 발음이다. 강세 없이 '샐.러.드.'라고 발음을 하니 못 알
아듣는 것이다. 영어를 사용하는 그들의 방식대로 읽으면 '샐!러드' 라
고 앞 쪽에 강세를 두어야 한다.

나중에 그 한국 사람이 다시 그 식당에 간다면 샐러드를 정확하게
주문할 수 있을까? 이렇게 우리 학습자들은 영어를 발음할 때 각 음절
을 또박또박, 모음을 기준으로 발음하려는 경향이 있다.

EBS에서 방영된 재미난 실험이 있다. 고려대 심리학과 남기춘 교수
팀은 한국인과 외국인을 대상으로 강세의 위치 변화에 따라 소리를 들
어보는 실험을 했다. 결과는 어땠을까? 아마 대부분 정답을 예상할 것
이다. 결과는 외국인들은 강세가 있는 음절을 듣고 소리를 잘 인식했
고, 한국인들은 강세가 오는 소리를 잘 인식하지 못하였다. 남교수팀
에 따르면, 한국인들은 음절 단위로 듣는 데 익숙하기 때문에 강세가
있는 경우에도 무의식적으로 음절단위로 끊는다고 한다. 이것이 강세
가 있는 소리를 듣는데 방해요소로 작용한다. 결국 정확한 소리를 제
대로 듣지 못하게 되는 것이다.

영어학습자들이 음절 단위로 끊어 읽는 습관에서 벗어나기 위해 고안한 방법은 의미단위로 구성된 청크 비트를 사용해 연습하는 것이다.

2) 랩을 활용한 영어 학습

요즘은 여러 채널을 통해 외국의 다양한 영어공부 자료들을 접할 수 있는데 특히 어린 학습자들은 주로 챈트로 학습한다. 챈트는 멜로디가 없어 노래는 아니지만, 마치 노래를 부르는 것 같은 느낌을 준다. 언어의 강약과 높낮이를 살려 리듬을 주기 때문이다. 단순히 대화하고 책을 읽는 것보다 강세와 박자를 맞추고 그들만의 억양을 따라서 리듬을 즐기며 재미있게 영어를 익힌다. 이는 국적에 상관없이 어린이들이 매우 좋아하는 요소이므로 우리의 어린 학습자들에게 매우 유용하다.

초중고 학생들은 트렌드에 민감한 시기이므로, 랩에 흥미가 많고 이를 이용하면 학습 효과도 크다. 또 랩만의 특징인 리듬과 라임으로 영어의 독특한 뉘앙스를 자연스럽게 익힐 수 있는 장점이 있다. 랩을 통해 가사만 바꾸는 간단한 변형으로도 중요 어휘나 표현들을 배우고, 반복되는 청크로 연음도 충분히 연습할 수 있다.

챈트가 쉽고 단순한 문장들을 라임과 함께 리듬에 맞추어 반복하는 형식이라면, 랩은 의미가 있는 긴 이야기를 엮어 리듬과 박자에 맞추어 노래한다. 요즘은 학생들이 리듬과 비트에 맞춰 자유롭게 가사를 만드는 것을 볼 수 있다. 특히 랩 관련 TV 프로그램은 젊은이들 사이에 큰 인기를 끌고 있다. 랩은 문장이나 어려운 글을 사용할 수 있는 장점도 있어 더 다양하게 활용 가능하다. 랩의 특징과 그 학습 효과를 정리하면 다음과 같다.

영어학습자들이 음절 단위로 끊어 읽는 습관에서 벗어나기 위해 고안한 방법은 의미단위로 구성된 청크 비트를 사용해 연습하는 것이다.

랩을 통해 가사만 바꾸는 간단한 변형으로도 중요 어휘나 표현들을 배우고, 반복되는 청크로 연음도 충분히 연습할 수 있다.

첫째, 단어의 반복과 운 맞추기 등은 영어에 재미를 느끼게 도와준다.

둘째, 내용을 다양하게 바꿀 수 있어서 어휘를 파악하는 능력을 길러준다.

셋째, 새로운 문장이나 단어가 나와도 반복되는 패턴을 이용, 언어의 유창성을 증대시킨다.

넷째, 의사소통, 발음, 어휘 등 다양한 연습이나 실제상황에 활용 할 수 있다.

Ⅲ | 셀프코칭, 동기코칭, 효과코칭, 방법코칭, 미디어 코칭으로 매일영어

인도 Sugata Mitra의 "The hole in the wall"이라는 말을 들어본 적이 있는가? Mitra 교수는 어느 빈민가의 벽에 구멍을 파고 인터넷에 접속할 수 있는 컴퓨터만 설치해 놓았다. 그러나 어떻게 사용하는지에 대한 설명은 어디에도 비치하지 않았다. 가르쳐 줄 교사도 없다. 결과는 어떻게 나오리라 예상되는가?

오래지 않아 학생들은 스스로 방법을 터득하여 영어로 인터넷을 검색하는 방법을 알고 능숙하게 사용할 수 있게 되었다. 영어를 전혀 모르는데도 말이다. 먼저 방법을 터득한 학생이 또래 친구들에게 가르쳐 주어 친구들 역시 비슷하게 역량이 강화되었고, 심지어 더 빠른 검색을 위해 성능이 더 좋은 컴퓨터와 마우스를 요구하기도 했다고 한다. 이후 Mitra교수는 인도, 캄보디아, 아프리카의 여러 지역에서 다양한 주제를 가진 비슷한 실험을 진행하였는데 결과는, 모두 학생들이 스스로 배워 어느 정도 단계의 수준에 올라섰다는 것이다.

이러한 사례들을 통해 Mitra교수는 학생들이 그룹 활동을 통해 그들 스스로 배움을 설계하여 거의 모든 것을 배울 수 있으며, 성인의 역할은 단지 그것을 간단히 코칭하는 것이라는 시사점을 얻었다. 이 사례에서 돋보이는 것이 바로 코칭이다. 학생들은 자기 스스로 '컴퓨터를 사용하고 싶다'는 동기코칭(Motive Coaching)을 발현해 자기 스스로 학습에 대한 계획을 세우고 실행했다. 또 자신이 배운 것을 친구들에게 동료코칭(Peer Coaching)26)하였다. 그리고 이 모든 것을 계획하고 지켜 본 어른은 격려와 간단한 방법코칭(Technical Coaching)을 해주었을 뿐인데도, 그 효과는 매우 놀라웠다. 학생들은 스스로 영어를 익혀 인터넷을 검색하고 자신이 알고자 하는 정보를 주도적으로 찾아냈다.

혹시 TED 강의 중 Dave Eggers의 "Once upon a school(발렌시아 826번지의 기적)"을 본 적이 있는가? 미국 브룩클린에 살던 Dave는 2008년 작가, 출판가, 저널리스트, 석사나 박사 공부 중인 학생들로 이루어진 자원봉사자들을 모았다. 그리고 미국에 이민을 온 이민자의 자녀들 중, 학교에 잘 적응하지 못하는 학생들을 모아 1대1 관심을 제공하는 프로그램을 시작하였다. 이 프로그램의 목표는 1대1 관심이었으며, 일 년에 35−40시간의 관심을 기울이면 학생의 한 학년 성적이 향상된다는 것을 증명했다. 여기에서 사용된 중요한 원리를 찾을 수 있는가? 바로 코칭이다. 그들이 말하는 관심은 학습자 내면의 고통을

Mitra교수는 학생들이 그룹 활동을 통해 그들 스스로 배움을 설계하여 거의 모든 것을 배울 수 있으며, 성인의 역할은 단지 그것을 간단히 코칭하는 것이라는 시사점을 얻었다.

---

26) Peer Coaching(동료코칭): 두 명 또는 그 이상의 사람들이 상호과정을 말한다. 협력과 성찰을 통해 성공적 연습을 공유하여 문제를 해결하도록 행동을 유도한다. 학습자의 고립을 줄이고 서로 지지하며 도와줌을 통해 협력의 표준화된 배움을 일으킨다.

영어를 잘 하려면 임계치에 해당하는 시간과 노력이 필요하고, 거기에 도달해야지만 비로소 귀와 입이 뚫린다.

주의하여 듣고, 사려 깊게 문제점을 파악하여 도움을 주고, 성취할 수 있을만한 목표를 세워 격려하는 것이었다. 이는 코칭의 기본 원리와 일맥상통한다.

위 사례에서 확인할 수 있듯이 주입식의 전체 학습은 더 이상 학생의 내면에서 진정한 배움을 일으키지 않는다. 진정한 학습을 일으키는 것은 1대 1 코칭이었다. 영어학습에 코칭의 원리를 적용시키면 어떻게 될까?

어떤 현상이 일어날 때 필요한 '임계치[27]'라는 것이 있다. 물은 100℃가 되어야 끓는다. 비행기가 이륙을 하려면 최소 200m이상의 활주로가 확보된 상태에서 230km이상의 속도가 나와야 한다. 즉, 임계치란 일정 수준에 올랐을 때의 특이한 상태나 급격한 변화가 있는 상태를 말하는데, 영어학습에서도 일정한 목표에 도달하기 위한 임계치가 필요하다. 임계치에 도달하고 나면 그 뒤로는 일사천리이다. 물이 한 번 끓은 뒤에는 아주 조금만 온도를 유지해도 계속 끓는다. 그 상태가 유지되는 것이다.

영어학습도 마찬가지다. 영어를 잘 하려면 임계치에 해당하는 시간과 노력이 필요하고, 거기에 도달해야지만 비로소 귀와 입이 뚫린다. 비행기는 연료의 대부분을 이륙할 때 소모한다고 한다. 즉 임계치에 도달할 때까지가 가장 많이 소모되는 것이다.

하지만 보통의 영어학습자들은 그 임계치에 도달하기 전에 그만 포기하고 만다. 거기까지 도달하기가 너무 힘들고, 끈기와 에너지가 계속 필요하기 때문이다. 혹은 임계치에 대한 설정이 잘못되어 본인은 100℃만큼 쏟아 부었다고 생각하나 사실은 50℃밖에 안 되는 경우도 있

---

27) 어떠한 물리적 현상이 다르게 나타나는 경계의 값

다. 그리고는 자신은 아무리 해도 되질 않는다고 이야기하기도 한다.

　또 누구는 1년 만에 영어를 마스터 했다더라, 토익 900점을 받았다더라와 같은 '카더라 통신'에 기가 죽는다. 사실 같은 비행기라도 그 무게나 활주로의 길이에 따라 임계치는 영향을 받는다. 보통의 비행기가 200m이상의 활주로와 230km이상의 속도가 필요하다면, 더 큰 비행기는 320km이상의 속도가 필요하고, 전투기는 가볍고 작지만 작전에 투입되는 특성상 활주로가 100m정도로 짧기 때문에 250km이상이 필요하다. '카더라 통신'의 성공자들도 그들 나름의 영어공부에 시간이든, 돈이든, 그만한 대가를 치르고 임계치를 넘었을 것이 틀림없다. 만약 그것이 아니라면 그들은 천재임에 틀림없다. 우리와 같은 보통 사람들은 어림도 없는 일이다.

　그렇다면 평범한 우리는 어떻게 해야 할까? 우리에겐 코칭이 필요하다. 다른 사람들의 전문적인 도움을 받아 상태를 진단, 새로운 방법을 설계하여 나가거나 서로 정보와 도움을 주고받아 동기를 자극시켜 함께 목표 지점에 도달하는 것이 코칭이다.

제대로 된 영어학습법인 청크와 학습코칭을 결합하고 영어학습자 개개인의 특성을 이해하여 가장 알맞은 방법을 찾아 동기가 강화된다면 그 효과는 극대화 될 것이다.

자, 이제 가장 우선적으로 살펴봐야 할 것은 '성공적인 영어학습자

제대로 된 영어학습법인 청크와 학습코칭을 결합하고 영어학습자 개개인의 특성을 이해하여 가장 알맞은 방법을 찾아 동기가 강화된다면 그 효과는 극대화 될 것이다.

영어는 혼자 목표를 성취하기가 어렵다. 왜냐하면 영어는 혼자서 하는 학습이 아니라 상호 간의 대화나 노출을 통해 얻어지는 습득이기 때문이다.

들은 어떤 사람인가'이다. 흔히 성공하는 상위 1%의 학습자들은 자신이 공부해야 하는 이유를 명확히 알고 있다고 한다. 즉 영어를 해야 할 이유가 명확하면, 끈기와 인내를 가지고 임계치에 도달할 수 있다는 말이다. 하지만 명확한 이유 없이 그저 '누군가 하라고 하니까', '하면 좋을 것 같아서'라는 막연한 이유는 충분치가 않다. 자신이 영어를 공부해야 하는 이유를 명확히 찾아내고 거기에 따라오는 유익한 미래를 설계한다면, 자신의 내적 잠재력을 끌어올릴 수 있다. 이것이야말로 임계치로 쉽게 이끄는 좋은 동기코칭이 된다. 또는 좋아하는 취미나 좋은 동료들도 훌륭한 코칭의 자원이 되기도 한다.

사실 학습자들이 스스로 꾸준히 학습하여 자신의 목표를 이루기는 여간 어렵지 않다. 만약 그 길이 쉽다면 세상에 공부 못하는 사람은 없을 것이다. 특히 영어는 혼자 목표를 성취하기가 어렵다. 왜냐하면 영어는 혼자서 하는 학습이 아니라 상호 간의 대화나 노출을 통해 얻어지는 습득이기 때문이다. 그렇기 때문에 많은 사람들이 학원이나 과외학습에 의존하고 부모들도 사교육으로 눈을 돌린다. 일상생활에서 영어에 노출되기가 어려운 EFL상황에서 좀 더 효율적이고 적극적인 방법을 찾아 다양한 형태로 배우는 것이다.

그러면 무조건 사교육에 던져 넣어야 할까? 아니다 학원에 의존하지 말고 스스로 하도록 노력해야한다. 연구[28]에 따르면, 영어 사교육은 그 투자에 비해 오히려 자기주도학습 능력을 떨어지게 만드는 경향이 있다고 한다. 일정기간 이상 사교육을 받을수록 학생들의 성적은 오히려 떨어지는데, 이는 지나친 사교육에 대한 의존도가 자기주도학

---

28) 이상욱(2010), 영어 사교육과 대학수학능력시험에서 외국어 영역과의 상관관계

습 능력을 약화시키는 것으로 보인다.

또 영어 사교육의 유형 중 대학수학능력시험성적에 가장 긍정적 효과를 가져온 것은 인터넷 강의였다. 인터넷 강의는 사교육의 범주이긴 하지만, 스스로 공부하는 자기주도적인 학습능력이 가장 많이 요구된다. 사교육 시장의 대부분을 차지하는 유형들이 대학수학능력시험에 긍정적 효과를 주지 못한다면 그 시간적, 경제적 손실은 매우 크다고 볼 수 있다.

영어 사교육의 긍정적 효과가 검증되지 못했다면 자기주도적 학습능력을 계발하는 데 초점을 맞추어야 할 것이다. 많은 학생들은 어려서부터 많은 사교육에 의존해 왔다. 사교육에서 오랜시간 학습하지만 정작 스스로 공부할 수 있는 자기주도적 학습능력을 기르지 못했다. 사교육에 의존해 성적을 올리려는 노력 이전에 스스로 탐구하고 연구하는 능력을 길러 주도록 노력해야 할 것이다.

학습코칭을 통하여 스스로 동기를 부여하고 뚜렷한 목표의식을 갖도록 해야 한다. 마치 배고픈 이에게 생선을 주는 것이 아니라 고기를 낚는 법을 가르치듯이 말이다. 고기를 스스로 낚는 법 이것이 코칭으로 발현되는 자기주도학습이라고 할 수 있다. 자기 스스로 해야 임계치로의 도달이 빠른 것처럼, 영어도 자기주도학습이 필요하다. 스스로 영어 사용이 습관화 되어야만 성공할 수 있다. 그래서 학습자 자신에게 맞는 공부 방법을 찾아 가장 효율적인 학습 전략을 세우고, 장기적인 목표 달성을 위해 최적화된 공부를 하는 것이 중요하다. 이미 대입에서도 학생들에게 일방적으로 주입된 지식의 양을 측정하는 것을 벗어나, 자신의 목적에 맞는 자기 관리 능력과 학습 능력을 갖춘 학생

> 학습자 자신에게 맞는 공부 방법을 찾아 가장 효율적인 학습 전략을 세우고, 장기적인 목표 달성을 위해 최적화된 공부를 하는 것이 중요하다.

을 선발하려고 하며 앞으로 그 비중이 더욱 커질 것이라고 한다.

요즘의 학습자들은 대부분 엄마나 학원 또는 과외주도 학습에 길들여져 자기주도 학습능력이 발현될 기회가 거의 없다. '학(學)과 '습(習)'의 원리와 방법 즉, 학습이라는 배우고 익히는 기본적인 학습태도를 기르지 못한 채, 시키는 대로만 하는 것이 익숙해져 있다. 배우고 때로는 익혀야 하는데 우리는 항상 배우기만 한다는 것이다. 다른 공부도 그렇지만 특히 영어는 배우는 것으로 끝나는 것이 아니라 '습' 즉 익힘으로 마무리되어야 한다. 그런데 대부분의 학습자들은 늘 배우기만 하고 끝낸다. 배우는 것에만 많은 시간을 보내니 익힐 시간이 절대적으로 부족하다.

코칭(Coaching)은 전문적 학습의 한 형태로 학습영역과 코칭영역이 만나서 학습자가 원하는 결과를 얻도록 구체적으로 돕는 것을 말한다. 학습자의 입장을 경청하고, 새로운 생각을 공유하며, 잘 짜여진 계획으로 목표를 설정하며, 대상을 지도, 격려하며 그 활동을 평가한 결과로 다시 피드백을 주는 과정으로 구성된다.

이미 많은 연구들이 학습코칭으로 학습자의 학업성취와 인지 기능의 향상에 도움이 되었다고 보고하고 있다. 성공적인 학습코칭의 특징과 그 효과는 다음과 같다.

첫째, 학습코칭은 효율적인 공부방법과 학습전략을 통해 자발적으로 자신의 목적을 달성하도록 도와주는 목표 달성의 지름길이다.

사실 코칭의 주된 목적은 강한 동기를 가지고 스스로 공부하는 습관을 기르는 것이라 할 수 있다. 성공하려면 성공한 사람들을 주목할 필요가 있다. 그들의 고유한 특성은 무엇일까?

성공적인 학습자들은 단순히 다른 사람들에 비해 더 많은 지식을 가지고 있는 것은 아니다. 그들은 지식에 접근하여 그것을 이용하는 것에 대해 더 효과적이고 효율적인 학습전략을 가지고 있다. 또한 스스로를 동기화시킬 수 있고, 자신의 행동을 점검하며 학습이 잘 되지 않을 때 자신의 행동을 스스로 변화시킬 수 있는 자기주도적 학습자이기도 하다.

한 때 학습에서의 성공을 결정하는 주요 요인은 유전적 지능이라고 믿던 때가 있었다. 그러나 교육자들은 학습과 동기에 대한 연구를 계속하면서 성공적인 학습자들은 자신의 인지, 동기, 행동을 조절하기 위해 적절한 전략을 이용할 수 있는 방법을 터득하여 활용하고 있다는 것을 알아냈다. 그리고 그 방법을 일반화시켜 그들의 방법을 따라하게 만드는 것이 코칭이고, 성공적인 코칭의 결과로 학습자는 자기주도적 학습의 경지에 이르게 된다. 자기주도적 학습자는 학습을 위한 최적의 조건을 설정해가는 자기조절 능력이 탁월하다. 이들은 능동적으로 자율적으로 행동하며 인지조절 전략, 동기조절 전략, 행동조절 전략을 잘 사용한다. 즉 자신의 상황이나 상태를 잘 파악하고, 구체적 실천을 이끌어 낼 수 있는 동기를 이용하며 꾸준히 노력하는 행동으로 이어지도록 자신의 생활을 이끌어 나가는 것이다.

성공적인 학습자들은 자신의 인지, 동기, 행동을 조절하기 위해 적절한 전략을 이용할 수 있는 방법을 터득하여 활용하고 있다.

둘째, 공부에 대한 자신감으로 동기가 더욱 강화되고, 자아존중감과 자기효능감이 높아져 더 행복한 삶을 살도록 도와준다.

현대의 우리들은 지식기반 사회에 살고 있다. 날마다 쏟아지는 지식의 향연에서 평생학습을 해야 하는 처지에 놓여 있는 것이다. 평생학습자로 살아가기 위해서 우리에게 필요한 것은 무엇일까? 현재 급속히 발달하고 있는 뇌 과학의 측면에서 두뇌의 구조와 기능, 효과적인 학습법, 기억방법, 훈련법들이 범람하고 있다. 그러다 보니 그들이 주장하는 두뇌의 기능을 향상시키기 위해서 음식 관리, 식생활 조절, 스트레스 관리, 수면 관리 등 환경적인 요인을 만드는 것에 솔깃해질 수도 있다. 물론 건강한 생활과 신체 관리를 위해서 필요하다. 그러나 보다 중요한 학습을 위해 두뇌기능을 향상시키는 방법은 자기조절이다.

자기조절 능력의 구성 요소[29]는 인지조절, 동기조절, 행동조절 전략이 있다.

인지조절 전략에는 인지전략과 기억술이 하위요소로 포함된다. 동기조절 전략으로는 숙달목표, 내재적 동기, 자기 효능감, 과제가치가 있고, 행동조절 전략으로는 집중하기, 시간관리, 도움추구 등이 있다.

동기조절 전략의 동기요인 중 숙달목표는 학습에 대한 내재적 가치와 노력을 강조한다. 숙달목표가 있는 학습자는 보다 도전적인 과제를 선택하고, 그에 대한 새로운 지식을 습득하여 과제를 해결하기 위해 노력한다.

내재적 동기는 학습자가 과제를 수행해야만 하는 이유를 분명히 하는 것을 의미한다. 그 과제에 대한 학습자의 흥미를 포함하여 얼마나

---

29) Pintrich, 2000

중요하게 여기는지에 대한 굳은 믿음으로 지속적으로 과제를 수행, 목표를 도달하려고 하는 데 영향을 준다. 그리고 그 학습 과제를 수행하는 순간을 즐기며 자신에게 매우 중요하다는 신념을 가지게 한다.

자기효능감은 주어진 또는 선택한 자신의 과제수행능력에 대해 스스로 가지는 자신감을 말한다.

자기주도학습의 행동조절 전략은 학습을 위해 스스로 학업에 집중하고 지속적인 행동 통제를 통한 노력을 기울여 효율적인 학습시간을 관리하는 시간관리를 포함한다. 또한 효율적인 학습을 위해 다른 사람의 도움이 필요한 경우도 있다. 스스로 해결하기 어려운 문제를 만났을 때, 보다 유능한 타인에게 도움을 요청하는 것이 자기주도학습의 전략 중 하나인데, 이는 학습코칭과 매우 긴밀한 관계에 있음을 시사한다. 다시 말하면 학습코칭과 자기주도학습은 뗄래야 뗄 수 없는 관계이다.

/학습코칭과 자기주도학습은 뗄래야 뗄 수 없는 관계이다.

동기코칭은 학생들 스스로 '왜 공부를 해야 하는지?' 특히 '왜 영어를 해야 하는지'에 대한 분명한 이유를 찾고 강한 동기를 지속적으로 가지도록 도와준다.

어떤 일이든 간에 자신이 하고자 하는 일에 뚜렷한 동기가 없으면 성취는 이루어지지 않는다. 많은 돈을 투자해도 부모의 강압에 못 이겨 하는 공부는 큰 효과를 보지 못한다. 처음에는 효과를 보는 것 같지만 결국 원하는 결과에 도달하기 힘들다. 많은 학생들이 부모에 의해 사교육에 내몰리지만 모두 그 결과를 얻지 못하는 이유가 바로 이 때문이다. 소위 '공신(공부의 신)'으로 소개되는 사람들의 이야기를 접해 보았는가? 그들을 이끈 것은 자기조절력이었고, 혼자 공부했을 때 그 효과가 두드러졌다고 고백한다. 뚜렷한 자기 동기가 있을 때 그 효과가 크다. 강한 동기는 목표를 이루기 위한 실천의 강한 원동력이기 때문이다. 그리고 그로 인한 성취는 학습자에게 무한한 행복감을 준다.

동기코칭은 학생들 스스로 '왜 공부를 해야 하는지?' 특히 '왜 영어를 해야 하는지'에 대한 분명한 이유를 찾고 강한 동기를 지속적으로 가지도록 도와준다. 공부가 힘들어 슬럼프에 빠졌을 때, 코치가 영어 학습의 이유와 동기를 일깨워 주고 힘을 북돋아주면 쉽게 어려움을 극복할 수 있다. 또한 조금 게으름을 피우고 싶고 한 눈 팔고 싶을 때도 코치가 '그럴 때가 아니다'라고 한마디 거들면 금방 마음을 다잡고 제자리를 잡는다.

연구팀의 저자는 G여고에 근무한 적이 있다.(시골이지만 명문여고로 알려진 곳이다) 2학년 이과반 학생들을 맡았는데, 첫날부터 유독 한 명이 눈에 들어왔다. 그 학생은 교사와 기성 어른 세대에 대한 반감이 매우 높아 보였다. 교사가 한마디 할 때마다 토를 달거나 삐딱하게 쏘아붙이기 일쑤였다. 성적은 거의 꼴찌에 가까웠다. 그런데 말하는 거나 눈빛으로 보아 그렇게 공부와 거리가 먼 학생은 아닌 것 같았다. 그래서 저자는 그 학생에게 꽤나 공을 들였다. 아니나 다를까 놀라운 일이 일어났다. 저자는 꾸준히 그 학생에게 인생을 어떻게 살아야 하는지, 지금은 앞으로의 날을 잘 준비하는 시기라는 것, 공부를 왜 해야 하는지 등을 이야기했다. 지금 생각하면 코칭이 뭔지도 모르고 코칭을 했던 것 같다. 조례, 종례시간에 'Butterfly Effect'에 대해서도 역설했다. 지금 이 순간 내가 하는 행동 하나, 말 한마디가 내 인생에 엄청난 영향을 미친다는 것을 말이다. 그리고 청소시간이나 야간 자율학습시간에도 들어가 꾸준히 자신의 꿈을 찾고 이 귀한 시간에 자신이 왜 여기에 앉아 있는지를 일깨워주려 노력했다.

　일부 학생들이 변화를 보였다. 특히 3월 첫날부터 거슬린 행동으로 눈에 들어왔던 그 학생은 전혀 다른 사람이 되었다. 수업시간에 눈을 반짝였고, 쉬는 시간, 청소시간, 저녁시간 할 것 없이 교무실에 와서 살았다. 모든 선생님들이 '저 학생 왜 저래?' 하고 놀랐기도 했지만, 대부분은 '저러다 말겠지'하고 별 기대를 하지 않았다.

　매일 교무실에 찾아와 질문을 하던 학생은 그동안 공부를 하지 않아 기초가 너무 없었던 터라 질문의 수준이 낮았고, 매우 엉뚱했다. 그렇지만 교무실 선생님들은 모두 친절하게 답변을 해주었다. 시골이기도 하고 그 당시만 해도 사교육이 이렇게 난무하지 않았을 때라 학생들의 교사에 대한 의존도가 아주 높았던 것 같다. 많은 학생들이 한동안 줄기차게 교무실에 와서 질문을 했지만 끈질기게 1년 또는 2년을 넘기는 학생들은 그리 많지 않다. 그런데 끈질기게 2년을 넘기는 학생들은 대부분 학업에 있어서 큰 향상을 보였으며, 마침내 원하는 학교에 진학하였다. 그 학생도 그 중 하나였다. 그 결과, 노력의 결실이 드

／ 이 시대에 배우지 못해 공부를 못하는 사람은 없다. 단지 그 배움을 자기의 것으로 만들기 위한 좋은 습관을 형성하지 못하기 때문에 공부를 못하는 것이다.

러났다. 그는 2학년 말에 성적향상이 놀랄 정도로 향상되었고, 수능시험결과는 교내에서 1등이었다. 그래서 비록 1학년 내신 성적이 부진하였지만, 모두가 부러워하는 학교, 원하는 과에 합격하였다. 성인이 된 지금도 그는 수시로 필자에게 전화를 한다. 선생님이 없었다면 지금 자신의 모습은 상상할 수도 없으며, 어떤 인생을 살고 있을지 생각하면 참 암담하다고, 항상 고맙다고 한다. 선생님은 자기의 멘토이자 은인이라며 울먹인다. 그리고 그 학생은 저자에게 주례도 부탁하였다. 지금은 결혼하여 가정을 꾸리고 자신의 꿈꿔왔던 삶을 누리며 행복하게 살고 있다.

이 시대에 배우지 못해 공부를 못하는 사람은 없다. 단지 그 배움을 자기의 것으로 만들기 위한 좋은 습관을 형성하지 못하기 때문에 공부를 못하는 것이다. 좋은 습관을 기를 때까지 꾸준히 코칭을 하여 스스로 할 수 있는 자기조절 능력을 기르면 가능하다. 이 때 동기코칭의 힘은 가히 막강하다.

셋째, 학습자의 목표를 구체적으로 설계하도록 도와주고 그것이 곧 미래의 준비를 도와준다는 점에서 학습코칭은 중요하다.

연구팀 저자 친구의 아들 이야기다. 그 아이는 학업역량이 그렇게 뛰어나지 않았다. 그러나 아주 성실하게 공부를 하는 아이였고, 고2를 앞둔 시점에 코치를 소개받았다. 코치는 특별히 학생에게 가르치지 않았다. 그저 다음 시간까지 학생이 스스로 공부해 와야 할 분량을 정해주고는 친구, 학교이야기 그리고 세상 사는 이야기를 꾸준히 나눌 뿐이었다고 한다. 그리고 다음 시간에 과제를 확인을 하는데 질문을 하거나 어려워하는 부분이 있어도 바로 설명해주지 않았다고 한다. 항상 같이 고민해보고 학생 스스로 방법을 찾아가도록 했다. 처음에 저자의 친구는 코치가 공부를 하나도 안 가르친다고 투덜댔다. 하지만 아들이 선생님을 너무나 신뢰하고, 학업에 흥미를 느끼며 열심히 하는 모습을 보이자 점점 마음을 열었다.

코치와 함께 아들은 꿈을 가지게 되었고 강한 동기를 부여받아 꾸준한 성적 향상을 보였다. 하지만 계속 성적이 수직으로 상승하는 것은 아니었다. 꾸준히 오르다 다시 내려가고 또 올라가고, 다음에는 전보다 내려가는 폭이 줄어들어 큰 그림으로는 보면 결국 상승하는 모양새였다.

무엇보다도 놀라운 것은 성적이 잠깐 하락했을 때, 아이가 슬럼프에 빠져 허우적거리지 않았다는 거다. 성적이 내려가도 곧 힘을 내고 다시 일어섰다. 이것이 동기코칭의 힘이다. 고3 마지막, 지진으로 인해 수능이 일주일 연기되었을 때도 아이는 좌절하지 않았고 오히려 좋은 기회라고 감사했다. 그러니 수능이 끝나면 가려고 미리 예약해 둔 가족 여행에도 빠지고 혼자 남아 공부를 해도 행복해했다. 자, 이제 결과가 궁금하지 않은가?

2년 동안 끝까지 최선을 다해 노력한 결과는 화려했다. 내신도 꾸준히 올랐고, 수시보다 어렵다는 정시를 공략하여 누구나 가고 싶어 하는 대학 그리고 자신이 바라는 과에 당당히 합격했다.

코칭은 상대방을 '무언가 결함이 있는' 존재가 아닌 잠재력이 풍부한 인간으로 보는 데서 출발한다. 완전한 인간으로 대접받을 때 사람들은 자기 안에 숨어있는 진짜 동기를 가동하는 법이다. 그래서 학습자에게 미치는 영향력이 크므로 학습코치의 자질과 그 역할이 매우 중

/ 코칭은 상대방을 '무언가 결함이 있는' 존재가 아닌 잠재력이 풍부한 인간으로 보는 데서 출발한다.

요하다. 올바른 가치관으로 학습자에게 그 가치관을 심어주어 끊임없이 변화시켜 나가도록 학습자의 변화를 잘 지켜보아야 한다. 학습코치는 학습자가 긍정적인 자기 효능감으로 자신에 대해 자신감을 가지고 나아가도록 잘 이끌어 주어야 한다. 그래서 미래에 대한 꿈과 목표를 가지고 구체적인 실행계획들로 나아갈 수 있도록 도와야 한다.

일본 코칭의 대가 에노모토 히데다케는 "누구나 잠재력을 갖고 있고, 필요한 해답은 그 사람 내부에 있으며, 그 해답을 이끌어 내는 데는 파트너가 필요하다"며 학습코치에 대한 그의 생각을 담아 말하기도 하였는데 여기서 중요한 것은 학습자에 대한 질책보다는 격려와 수용이라는 것이다. 학습자의 말을 잘 경청하고 적절한 질문을 하는 기술도 필요하다. 그래서 학습자에게 정답을 무조건 알려주기보다는 학습자 스스로 찾아갈 수 있도록, 자기 안과 밖의 모습을 스스로 인지할 수 있는 통찰력을 지니도록 만들어주는 것이 코칭의 핵심이다.

코치의 질문은 생각을 열어주는 기술로 스스로 문제를 인식하거나 발견하게 하고 해결방법을 찾을 수 있도록 도와주는 것이다. 학습코칭에서 질문한다는 것은 학습자 스스로 대화에 참여하도록 하고, 학습자의 내면에 숨어있는 진실을 스스로 발견하게 하며, 학습자에 대한 정보와 학습자의 생각을 할 수 있게 함으로써 학습자를 대화의 중심에 세우는 것이다. 그렇다면 좋은 질문이란 어떤 질문을 말하는 것일까? 좋은 질문이란 이해하기 쉬우며 간단하고 생각하게 만들며 내용이 적절하고 핵심에 접근하는 질문을 의미한다.

질문의 유형으로는 사실을 묻는 질문과 새로운 시각을 위한 질문, 문제 해결을 위한 질문 등이 있다. 사실을 묻는 질문은 학습자가 어떤 상황에 있는지를 파악하기 위한 질문을 의미하는 것이다. 새로운 시각을 위한 질문은 다양한 각도에서 문제에 접근하도록 자극하는 질문이며 문제해결을 위한 질문은 당면하고 있는 과제나 문제를 해결할 수 있도록 직접 묻는 질문을 의미한다.

　학습코치가 질문을 할 때는 자신의 생각을 말하기보다 학습자가 스스로 느끼도록 해야 한다. 진술을 질문으로 바꾸어 말하는 것은 별로 좋지 않은 기술이다. 예를 들면 "너 그렇게 하면 영어 백날 해도 안 돼."라고 하기보다는 "네가 그렇게 하면 영어가 잘 안되니까 어떻게 하면 좀 더 효과적이겠니?"로 바꿀 수 있다.

　또한 질문 이후 학습자의 응답에 대한 긍정적인 피드백은 학습자를 인정하고 칭찬하고 나아가 개선 방향을 제시할 수 있다. 효과적인 피드백 방법으로는 무엇이 있을까? 우선 피드백은 구체적이고 간결해야 한다. 그리고 남 앞이나 제3자에게 하는 것도 좋은 방법이다. 또한 사소한 것도 좋다. 상대에 따라 칭찬 내용이나 방법을 달리해도 좋다. 또한 결과 뿐만 아니라 과정과 노력에 대해서도 피드백한다면 더욱 긍정적인 효과를 얻을 수 있다.

학습자의 응답에 대한 긍정적인 피드백은 학습자를 인정하고 칭찬하고 나아가 개선 방향을 제시할 수 있다.

/ 여러 가지 표현을 몸
동작과 얼굴 표정을 통해
청크를 반복해서 제시하
여, 청크에 대한 호기심을
자극하고 기억을 도와줄
수 있다.

1 청크로 놀자

제대로 된 영어학습법인 청크에 학습코칭을 어떻게 결합하면 좋을
까? 가장 보편적이고 일반적인 방법은 영어 학습의 전문가가 전략이
나 기법을 공유하는 것이다. 즉 여러 가지 학습도구를 사용해 효과적
으로 가르치는 방법코칭(Technical Coaching)이다. 잘 사용된 방법은 학
습자에게 흥미와 재미를 유발하여 수업에 열심히 임하고자 하는 태도
를 길러주는 동기코칭(Motive Coaching)이 되기도 한다.

실물이나 그림카드로 설명하기가 곤란한 청크를 교사가 시연을 통
해서 제시해 보자. 여러 가지 표현을 몸동작과 얼굴 표정을 통해 청크
를 반복해서 제시하여, 청크에 대한 호기심을 자극하고 기억을 도와줄
수 있다.

억양은 손동작과 함께 연습하자. 특히, 고저 파악에는 다음에 주어
진 파도 물결 타기 비법이 도움을 줄 것이다. 물결무늬처럼 손을 올렸
다 내렸다 파도를 타듯이 움직이다 보면 어느새 영어 억양이 원어민과
비슷하게 변해가고 있는 자신을 발견하게 될 것이다. 더구나, 이런 손
동작과 함께 언어를 말하는 것은 학습자의 흥미를 촉진시킨다. 학생들
이 손의 물결무늬를 타며 영어를 말할 때 영어에 대한 흥미가 배가되
었다고 학습저널30)에서 발표하기도 하였다.

---

30) 고등청크, 정동완 & 신창옥, 2013

물결리듬을 사용하여 다음 대화를 읽어보자. 남자(M)와 여자(W)의 대화가 있다. 문장에 표시되어 있는 색깔과 단어, 각각의 높낮이 등에 주의하여 손동작으로 파도 타듯이 읽어 보자. 억양, 강세, 끊어 읽기(/ 한번 호흡)에 유의하여 5번씩 읽어 보자.

이렇게 손동작을 하며 영어를 익힐 때, 학습자의 역할은 수동적인 것이 아니라 능동적으로 바뀌게 된다.

M　Minsu, what are you doing?

W　I'm looking for / my cell phone. I can't find it / anywhere.

M　Okay. Let me help you. Where did you put it?

W　I remember / I put it / next to the radio.

M　Did you look / behind the radio?

W　Of course I did, but I'll check again.

이렇게 손동작을 하며 영어를 익힐 때, 학습자의 역할은 수동적인 것이 아니라 능동적으로 바뀌게 된다. 학습자가 수동적일 때보다 자기 주도적이고 능동적일 때, 영어학습의 효과는 더 두드러진다는 것을 모두 알고 있을 것이다. 이렇게 능동적, 직접적인 동작을 통해 청크를 익혀 자기의 장기기억 속에 저장한다면, 실제 의사소통 상황에서도 다양하게 적용할 수 있을 것이다.

물결리듬 말고도 청크를 손뼉치기, 발 구르기, 몸 움직이기 등을 통해 반복적인 연습으로 익힐 수 있다. 이런 몸동작을 사용하는 목적은 여러 가지 보조동작을 사용함으로써 청크를 장기 기억 속으로 남기기

몸동작을 사용하면 기억이 잘 될 뿐만 아니라, 기억의 차원을 넘어 영어가 자기 것이 된다.

역할극이나 게임을 응용한 배틀은 효과코칭 (Effective Coaching) 으로 적용해 보면 좋을 것이다.

위함이다. 조금 긴 문장이나 지문은 챈트나 랩을 활용해도 좋다.

외국어를 배울 때, 학습자는 그냥 말만 배우는 것이 아니라 그 상황과 행동도 그대로 모방하면서 결국 자신이 거기에 젖어든다. 청크 영어학습법은 학습자가 영어에 노출되어 스스로가 의식적으로 주목하게 된다. 손동작으로 인토네이션 물결을 그려본다든지, 청크로 끊은 곳에서 발을 구르거나 손뼉을 치면서, 기억에 도움이 되는 동작을 통해 영어 학습이 쉽도록 만드는 것이다. 몸동작을 사용하면 기억이 잘될 뿐만 아니라, 기억의 차원을 넘어 영어가 자기 것이 된다.

Intonation

이번에는 영어의 느낌을 살려서 인토네이션과, 강세(파란 글씨), 끊어 읽기(/ 한번 호흡)에 유의하여 5번씩 소리 내어 읽어 보세요.

M Minsu, what are you doing?

W I'm looking for / my cell phone. I can't find it / anywhere.

M Okay. Let me help you. Where did you put it?

W I remember / I put it / next to the radio.

M Did you look / behind the radio?

W Of Course I did, but I'll check again.

위에서 보는 바와 같이, 왼쪽의 청크 대화로, 오른쪽 학습자들이 손동작을 통해서 영어를 익히고 있다. 이 때 학습자는 능동적인 태도로 임하고 있다. 이렇게 능동적으로 자기 머릿속에 익힌 다음에 옆의 친구들이랑 청크 단위를 가지고 역할극을 하거나, 게임을 응용한 언어배틀도 할 수 있다.

역할극이나 게임을 응용한 배틀은 효과코칭(Effective Coaching)으로 적용해 보면 좋을 것이다. 효과코칭은 서로 소통하려는 정직하고 열린 마음이 기본으로, 같이 성장하려는 의지와 태도가 필요하다. 일반적으로 코칭은 나이가 많거나 전문가적인 위치에 있는 학습코치와 학습자간에 이루어지는 것이라는 보편적인 믿음이 있다. 그러나 여기에서의 효과 코칭은 또래나 같은 집단의 같은 지위에 있는 서로 평행한 관계에 있는 사람들끼리 서로 코칭을 하는 것을 말한다.

일반적으로 생각하는 학습코치와 학습자의 관계는 'Give & Give'의 관계로 부모처럼 무조건적인 사랑을 무한 공급받는 것을 의미한다. 그러나 효과코칭은 'Give & Take'로 상호 간에 서로 주고받는 공평한 관계이다. 그리고 서로 믿는 신뢰관계가 매우 중요하다. 새로운 아이디어의 나눔, 배우려는 열정에 대한 열린 마음, 자유롭게 자신의 경험을 나눌 수 있는 분위기 조성이 요구된다. 또한 효과적으로 말하기, 듣기, 행동, 몸짓 등을 하는 것은 더욱 생산적이고 발전적인 피드백을 서로에게 줄 수 있는 장점이 된다.

이제, 학습코칭을 바탕으로 영어공부를 하는 방법을 정리해 보자.

첫째, 목표 및 동기를 관리한다. 영어를 공부해야 하는 이유를 찾고, 의사소통능력과 문해력을 동시에 잡는 균형의 중요성을 이해한다.

둘째, 학습코칭이 진행되는 동안 공부하는 자세가 습관화될 수 있도록 하고 자신에게 알맞은 학습도구를 찾아 영어학습에 재미와 자신감을 갖도록 한다.

셋째, 계약서를 만든다. 계약서에는 세부실행 계획서를 작성하여 넣는데 학습자중심으로 어떻게 시간을 관리할 것인지 그 시스템을 만드는 것이 중요하다. 가령, 하루에 최소 1시간 영어를 학습하는 습관을 들인다고 하자. 영어공부를 하지 않았던 학습자들이 습관을 만드는 것은 쉽지 않다. 처음 일주일은 30분, 다음 주는 40~50분, 차차 1시간을 유지하고 다시 2시간으로 늘인다. 학습자의 습관으로 굳어졌다고 보일 때 서로 합의하에 계약서를 수정하면 좋다. 이런 학습 시간 훈련을 위한 프로그램으로 학습자의 수준에 따라 학습코칭 훈련관리, 학습기록표 활용, 주간계획표 작성, 청크 앱, 청크 카드 활용 등이 있다.

◆ 학습코칭 훈련관리

먼저 학습 목표를 정한다. 구체적인 과제 리스트를 정해야 한다. 학습자 스스로 과제를 부여할 수 있다면 매우 좋다. 경우에 따라서는 학교 수업이나 일상적 업무에서 발생하는 과제를 이용하거나 학습코치가 부여하는 과제를 택해도 된다. 스스로 인지하여 과제를 세우고 그 능력에 대한 내용을 파악하는 것이 중요하다. 한 번에 너무 큰 목표를 세우기보다는 큰 목표를 달성하기 위한 작은 목표를 구체적으로 세우도록 한다.

목표세우기 / 과제이스트 예시		
1단계	장기목표 세우기(3년~5년)	
	1	
	2	
	3	
2단계	단기목표 세우기(6개월~1년)	
	1	
	2	
	3	
3단계	월간목표 세우기(구체적으로)	
	1	
	2	
	3	
4단계	주간목표 세우기(구체적으로)	
	1	
	2	
	3	
5단계	일간목표 세우기(구체적으로)	
	1	
	2	
	3	
우선순위 정하기	내가 일상적으로 꼭 해야 하는 일	
	1	
	2	
	3	
	4	

학습 목표 세우기 예시		
큰 목표		목표 성취 날짜
중간 목표		목표 성취 날짜
작은 목표	작은목표	작은 목표

◆ 학습기록표 활용

학습목표를 정하고 훈련을 하는 모든 내용을 기록하는 것이다. 학습기록표는 자신이 학습한 결과를 확인하고 점검을 통해 피드백을 받을 수 있는 자료가 된다. 여기서 핵심은 훈련 시작과 종료 시간을 기록하는 것이다. 이를 통해 최소 학습 시간을 충족했는지 확인하기 위함이다. 학습기록표를 정기적으로 점검하여 피드백해주고 주요 사항을 기록하며 코치와 학습자가 소통하는 자료로 활용한다.

요일	학습 순서	학습 교과	학습 교재	학습내용 (구체적으로 적기)	실행시간 (시작~끝 나는 시간)	총학습 시간	부모 확인	코치 확인
학습기록표 예시								
월	1							
	2							
	3							
화	1							
	2							
	3							
수	1							
	2							
	3							
목	1							
	2							
	3							
금	1							
	2							
	3							
토	1							
	2							
	3							
일	1							
	2							
	3							
코치의 피드백 내용								

◆ 주간계획표 작성

학습자의 주간별 목표를 설정하고 시간 개념과 고정된 일정을 파악한다. 학습자가 부담을 느끼지 않는 범위에서 계획을 짜고 주간계획이 월간계획에 이어지도록 하며, 최종 자신의 목표와 연계되도록 한다. 주간계획표의 마지막에는 자기 피드백을 할 수 있는 공간을 마련하는 것이 중요하다.

주간계획표 예시				
순위	학습 계획	학습목표	확인	자기 피드백
1				
2				
3				
4				
5				
6				

◆ 청크 활용

이 모든 훈련과 계획에 파트 4에서 소개하는 청크 앱과 카드를 활용하여 영어학습을 하자. 하다보면 더욱 흥미와 재미가 생기고 귀와 입에 익수챷게 될 것이다.

넷째, 코칭과 훈련의 과정을 마친 후 변화와 성과가 있었는지를 점검한다. 계획표에 정한 시간, 내용 등을 점검하고 다양한 공인인증 시험이나 전화영어 또는 원어민과의 만남을 통해 자신의 실력을 점검, 확인한다. 그리고 상태파악을 위한 자료를 수집하여 비교 분석을 통한 평가를 내린다. 그 후 교정관리를 위한 계획을 세워 실행한다.

／학습자에게 그림으로 나타내기, 노래하기, 춤추기 등의 창의활동을 하게 하는 것은 매우 중요하다.

2 음악을 쓰자

1) 음악의 본질적 가치

언어를 음악처럼 생각해보자. 음악에서 가사와 선율(멜로디) 모두 중요하다. 그러나 사람들은 가끔 이 선율의 중요성을 간과할 때가 있다. 선율의 중요성을 체험할 수 있는 활동이 있는데, 바로 'yes'와 'no'로 대답하는 놀이이다. 즉 정해져 있는 대답인 'yes' 나 'no'를 격앙되게, 졸리게, 흥미롭게, 재미있게, 짜증나게, 섹시하게, 귀엽게, 신나게, 사랑스럽게 등등 표현하는 것이다. 의외로 다양한 표현이 가능하다. 이 놀이를 통해서 음악이 가사보다 더 중요할 수도 있다는 사실을 알게 된다.

이렇듯 음악의 가치는 선율의 아름다움에 있다. 이런 아름다움을 즐기는 것은 인간의 즐거움인 동시에 특권이기도 하다. 사람은 오랜 시간 동안 자연이나 삶에서 느끼는 다양한 감성 속에서 선율을 만들어내고 그것을 노래, 악기연주 등의 방법으로 표현해왔다. 이것은 사람들에게서 자연스럽게, 지극히 순수하게 갈망하여 나온 결과이므로 음악은 그 자체로 가치를 지닌다.

학습자에게 그림으로 나타내기, 노래하기, 춤추기 등의 창의활동을 하게 하는 것은 매우 중요하다. 자기 내면의 모습을 표현하거나 남과 다른 고유한 특징을 지닌 인격체로 성장할 기회를 주는 것이다. 음악을 통해 사람은 비평적 사고와 자기조절 능력의 계발을 할 수 있다. 또 음악은 리더십, 공동체성, 다양성, 공간 지각 능력 등 여러 분야에 긍정적 효과를 준다고도 한다. 음악 교육을 받은 사람들은 일반적으로 대학을 졸업할 확률이 높고 범죄나 불량배 집단, 약물 남용에 연루될 확률이 낮다는 연구 결과도 있다. 또한 여러 사람들과 팀을 이루어 노래하거나 악기를 연주하면 음악을 통해 다른 세계와 연결되는 경험을 할 수 있다. 또 음악은 국제 언어로서 세계와 연결이 가능하게 해 주기도 한다.

영어를 배우는 학습자에게 음악은 영어를 더욱 재미있고 흥미 있게 만드는 역할을 한다. 일반적으로 사람들은 노래 부르기를 좋아하는 경향이 있다. 음악은 따분하고 지겨운 학습내용을 더 활기차게 해 준다. 특히 영어노래는 같은 문장이나 패턴이 반복되기 때문에 새로운 단어나 어구, 문장을 배울 때 더없이 좋은 수단이 된다. 그래서 음악을 활용하여 영어를 학습하면 그냥 외우는 것보다는 훨씬 쉽게 기억할 수 있다. 또 소리를 내어 영어문장을 계속 연습하면 연음과 강세에 익숙해지므로 더 자신 있게 영어로 말할 수 있다.

2) 음악을 통한 영어공부의 장점

문장을 여러 덩어리들 즉 청크의 모음으로 하여 리듬과 박자를 이용하는 것이 음악을 통한 영어 학습의 기본 개념이다. 이런 학습법은 영어학습자들 특히 초급 수준의 학습자들이 영어의 발음과 어양을 익히기에 매우 탁월하다. 국내에 '로자노프 학습법'으로 알려진 이 학습

영어노래는 같은 문장이나 패턴이 반복되기 때문에 새로운 단어나 어구, 문장을 배울 때 더없이 좋은 수단이 된다. 그래서 음악을 활용하여 영어를 학습하면 그냥 외우는 것보다는 훨씬 쉽게 기억할 수 있다.

Krashen은 학습자들이 선율과 리듬을 따라 부르며 학습하면 단어를 그냥 말할 때보다 더 많은 양의 어휘를 기억할 수 있어, 노래로 배운 언어는 오래 기억에 남는다고 하였다.

법은 문법과 어순 위주로 배우는 다른 영어 학습법과는 달리 아무것도 모르는 상황에서 정보를 주고 기억하도록 하여 대화를 통해 순간적인 기억력을 향상시켜, 상황에 맞는 영어를 자연스럽게 끌어내는 학습법이라고 한다. 이 학습법의 기본적으로 음악을 통한 기억력의 효과가 매우 크다고 본다. 굳이 로자노프 학습법이 아니더라도 우리는 가끔 텔레비전에서 기억력에 대한 음악의 효과를 확인할 수 있다. 대표적으로 책 없이 구전으로 전해 내려오는 판소리를 몇 시간씩 그저 북소리에 의지해 완창하는 명인들을 볼 수 있다.

그러면 음악을 통한 영어공부의 장점을 구체적으로 살펴보자.

첫째, 심리적 안정에 도움을 준다. 음악을 영어공부에 이용하면 영어공부에 대한 학생들의 불안감, 긴장감을 낮춰준다. 그리고 자발적인 동기부여를 주기 때문에 정서적인 측면에서 긍정적인 효과를 준다. 크레센은 음악을 통해 학습자들에게 영어 수업에 대한 부담감을 덜어줄 수 있고, 학습자는 안정감을 느끼며 자신감이 상승되는 긍정적인 영향이 있다고 밝히기도 하였다.

둘째, 집중 시간이 짧은 학습자에게 음악을 통한 영어 학습은 흥미를 유발하여 더 효과적인 학습법으로 활용될 수 있다.

셋째, 노래로 배운 언어가 장기 기억력에도 도움이 된다. 많은 학자들의 연구결과로 학계에 이미 보고되어 있다. 노래 가사인 언어를 모방하여 반복해 부르는 활동은 저절로 언어를 기억하게 되어 쉽고 즐거운 학습이 가능해진다.

Krashen은 학습자들이 선율과 리듬을 따라 부르며 학습하면 단어를 그냥 말할 때보다 더 많은 양의 어휘를 기억할 수 있어, 노래로 배운 언어는 오래 기억에 남는다고 하였다. 노래에는 단어나 문장들이 반복되어 나오기 때문에 어휘나 문장의 구조를 익히는 데 효과가 있다. 노래를 통해 학습자가 일정기간 동안 외국어를 학습하게 되면 단어의 강세와 구가 계속 머릿속에서 재생되는 현상을 경험할 수 있다고 한다. 학습자의 머릿속에 계속 맴돌게 되는 노래의 반복성이 무의식중에 언어 학습을 활성화시킴으로써 언어 학습에 긍정적인 효과를 준다.

또한 선율과 리듬이 있는 노래는 뇌의 기억을 도와 노래가사의 말뭉치가 뇌로부터 쉽게 복원될 수 있게 만들어준다. 따라서 노래가사를 통한 반복학습은 언어 습득 능력이 늦은 학습자들에게 영어를 좀 더 쉽고 흥미롭게 인식시켜 자신감을 부여하게 된다.

3) 음악과 영어 말하기와의 관계

노래와 챈트가 가지고 있는 음악적 요소와 영어 사이에는 비슷한 점이 많다. 먼저 각 요소들의 용어가 비슷하거나 같다. 음악에서 음의 고저, 강·약, 리듬, 음조 등의 용어들은 영어에서 소리의 높이, 리듬, 강세와 연결된다. 음악이나 언어가 다 소리를 기본으로 하여 각각 높낮이, 장단, 리듬을 갖고 있기 때문이다. 모든 언어는 노래와 챈트 같은 음악처럼 리듬의 제약을 받는다. 그 중 영어는 특히 강세와 리듬이 두드러진 언어이기 때문에 매우 긴밀한 상관관계가 있다고 할 수 있다. 강세와 억양이 있는 영어가 가진 언어적 요소와 음악에서 나타나는 강약의 운율과 리듬감은 서로 매우 흡사하다.

한국어와 영어의 언어적 요소에서 오는 차이점 때문에 한국인들이 영어를 익히는 데 따르는 어려움을 극복하기 위해서도 음악을 통한 영어 교육이 필요하다. 또한 음악 능력이 발달하는 것은 언어의 능력 성취와 관련되어 있기 때문에 영어를 배우는 학습 과정에서 음악은 중요하다. 특히, 음악의 고저, 리듬, 음색, 강약 등 음을 기억하는 음악적 감각은 영어의 발음, 악센트, 듣기, 말하기 능력을 터득하는 데 큰 도움을 준다.

4) 리듬을 타라

랩을 하면서 영어를 하다보면 어느새 영어와 친숙해져 있는 자신을 발견하게 될 것이다. 특히, 우리나라 초등학교 영어에는 라임이 많다. 초등 영어교육 학회지에 발표된 논문들을 보아도 월등히 라임을 통해 영어 실력 향상을 이룬 학생들을 많이 발견할 수 있다.

"Look, Look, Look at you."
"Look, Look Look at me."

위의 문장은 초등학교 학생들이 라임을 이용해 영어를 학습하는 재미있는 예이다. 요즘은 학생들이 초등 고학년만 되어도 이런 것을 유치하다고 하며 하지 않으려 한다. 그 이후 중학교부턴 시험 성적이 지배하는 영어 공부가 시작되기 때문에 학생들은 머리로만 영어를 이해하려 하지, 실제로 해 보지 않는 경향이 강하다. 그러나 학습자 본인이 직접 해 봐야 한다. 그러면 청크로 영어가 입에 붙는다. 그리고 영어가 점점 재미있어진다.

3 영어식 사고에 코칭을 입히자

영어식 사고에 코칭
을 입혀야 한다.

언어는 사고방식을 반영한다. 언어가 곧 사고방식이고 사고방식이
곧 언어이기도 하다. 그 나라의 사고방식과 문화를 알면 언어를 배우
기가 훨씬 쉬워진다. 앞에서 알아보았던 영어식 사고를 통하여 영어권
의 사고를 어느 정도 이해할 수 있었다. 하지만 영어식 사고를 이해한
다고 해서 하루아침에 뚝딱 영어식 사고가 길러지는 것은 아니다. 영
어식 사고에 익숙해지는 것은 많은 시간이 걸리며 그 문화에 살지 않
으면 우리의 사고를 쉽게 바꿀 수는 없다.

어떻게 영어식 사고를 익혀 영어를 잘 할 수 있을까? 답은 의외로 간
단하다. 그것은 이 책에서 말하는 대로 영어 어순으로 계속 듣고 읽고
말하고 쓰는 것이다. 말이 쉽지 어떻게 영어 어순으로 계속 듣고 읽고
말하고 쓸 것인가? 막무가내로 하는 것이 아니라 이 책의 핵심인 청크
를 사용하여 직독직해하는 습관을 기르는 것이다. 의미단위로 직독직
해하는 것이 결국 영어식 사고다. 속독으로 청킹하면서 읽다 보면 저
절로 영어식 사고에 익숙해진다.

하지만 영어식 사고만으로 영어가 되는 것은 아니다. 아무리 영어
식 사고로 접근한다고 하더라도 영어 학습을 게을리한다면 실력을 향
상시킬 수 없다. 사실 영어는 투자하는 시간만큼 영어 실력이 올라간
다. 영어식 사고로 영어의 구조를 이해하고 좀 더 쉽게 영어에 친숙해
지면서 꾸준히 하는 것이 무엇보다 중요하다. 그러나 운동이나 다이어
트처럼 뻔히 알지만 꾸준히 영어를 하기란 정말 쉽지 않다. 그래서 영
어식 사고에 코칭을 입혀야 한다.

✎ 먼저 자신의 목표를 정해보자. 이때의 목표는 두리뭉실하게 대충 하지 말고 구체적으로 어느 수준에서, 어떻게 나와야 할지, 얼마나 기간을 둘지 적어보자. 그리고 일어날 수 있는 문제를 분석해 보자.

✎ 그 목표달성에 필요한 전략을 세우고 실행할 수 있는지 확인해 본다.

1) 하지 않으면 안 되는 이유를 만들라

하지 않으면 안 되는 이유를 만들어야 한다. 여기서 코칭은 셀프코칭으로 해 보자. 셀프코칭은 자신에게서 동기를 찾아 하지 않으면 안 될 수밖에 없는 이유를 찾아 그것을 목적에 두고 자기 효능감을 발휘하여 자기조절을 하는 것이다.

먼저 자신의 목표를 정해보자. 이때의 목표는 두리뭉실하게 대충 하지 말고 구체적으로 어느 수준에서, 어떻게 나와야 할지, 얼마나 기간을 둘지 적어보자. 그리고 일어날 수 있는 문제를 분석해 보자. 자신의 상황에서 목표달성에 장애가 되는 요소를 찾아본다. 이 문제가 어떤 상황과 조건 때문에 생기는 것인지 분석해야 한다. 이 때 나의 현재 상태에 대해 냉철히 판단하여 그것이 목표와 어떤 연결고리가 있는지, 목표 달성에 장애가 되는 현재적 요소는 무엇인지 파악해 본다. 그리고 앞으로 나타날 수 있는 미래적 장애 요소도 미리 짐작하는 것도 필요하다. 다음으로 그러한 장애요소를 만드는 환경을 분석하자. 무엇 때문에 나의 목표로 가는 길이 가로막혀 있는가? 또 앞으로 나타날 방해되는 환경을 둘러보고 그 요인을 제거해야 한다.

마지막으로 해결전략을 세우자. 그 목표달성에 필요한 전략을 세우고 실행할 수 있는지 확인해 본다. 혹시, 그 방법으로 잘 되지 않는다면 다르게 갈 수 있는 플랜 B, 즉 대안도 만들어 두자.

2) 희망을 찾자

인간은 모두 가능성을 가지고 태어난다. 그 가능성은 신체적, 정신

적, 사회적 가능성으로 나눌 수 있다. 먼저 신체적 가능성에 대해 알아
보자.

　신체적 가능성은 첫째, 인간은 동물과는 달리 직립보행을 할 수 있
다. 네 다리로 걷는 것과 두 다리로 걷는 것은 아주 큰 차이점을 갖는
다. 우선은 서서 걸으면 더 멀리 볼 수 있는 시야를 확보하고, 다리만
을 사용해 걸음으로 두 팔이 자유로워 도구를 제작할 수 있었다고도
한다. 둘째, 두뇌를 가지고 사고를 할 수 있다. 인간 두뇌의 신경학적
우수함은 모든 동물을 통틀어 따라올 수가 없다. 사람의 두뇌는 놀라
운 회복능력과 잠재능력이 있다는 것에서 그 가능성은 매우 높다. 셋
째, 고유의 음성시스템을 가져 말로 의사나 경험을 전달할 수 있다. 글
이 있기 전 사람은 누군가의 기억에 의존하는 것 외엔 다른 방법이 없
었다. 따라서 기억력이 뛰어난 사람 그리고 그것을 말로 잘 표현하는
사람은 어디서나 중요한 존재였다.

　인간의 정신적 가능성은 이해력, 사고력, 표현력, 예측력이 있는 것
이고 그리고 이 모든 것을 통틀어 구성적인 사고가 가능하다는 것이
다. 이런 고등 정신기능이 인류에 미친 영향은 매우 괄목할 만하다. 인
류가 남긴 수많은 서적들, 그들의 사상, 철학, 문화 등과 더불어 개인
이 각자의 삶에서 느낀 감성의 결과인 미적 예술품, 창작으로 나타난
음악이나 기타 유산들은 실로 어마어마하다.

　마지막으로 인간의 사회적 가능성은 인물, 사물이나 환경에 의미를
부여하여 가치를 창조할 수 있고, 법을 만들어 제도화시킨다는 것, 그
리고 사람의 행동을 이끌어 주고 협동하는 공동사회로 묶여질 수 있는
것이다.

／ 인간은 여러 측면
에서 무한한 가능성을
지녔는데, 그것은 본인
이 원할 때 더 잘 개발
된다는 특징이 있다.

　　이렇게 인간은 여러 측면에서 무한한 가능성을 지녔는데, 그것은 본인이 원할 때 더 잘 개발된다는 특징이 있다. 실패를 자주 경험한 사람은 성공에 대해 회피하거나 일부러 방어하는 행동을 먼저 한다. 즉 "영어 잘 하고 싶어?" 하고 물으면 영어 학습에 실패한 사람들 대부분은 "아니, 별 관심 없어." 라고 말할 수 있다. 그러나 그렇게 말한다 할지라도 그들 안의 잠재적 개발욕구는 '영어 공부하여 더 잘하고 싶은 것'으로 언제나 존재한다. 그래서 코칭이 필요하다. 다음은 매슬로우의 인간의 욕구단계이다. 그는 5단계로 인간의 욕구를 설명하였는데, 아래에서부터 욕구가 충족될수록 상위의 욕구로 올라간다. 영어 학습은 존경 욕구에서 시작하여 자아실현 욕구까지 해당된다. 존경 욕구는 자아 존중감, 자신감, 성취, 존중에 대한 것이고 자아실현 욕구는 자신의 잠재력을 최대한 발휘하여 계속 발전시키고자 노력하는 것을 말한다.

분류	욕망	욕망의 목적
사회적 욕망	갈애	다른 사람의 사랑 확보
	공정성	손실과 이익의 형평성 가늠
	발표욕	생각의 전달
	경쟁욕	잠재 경쟁자와 능력 비교
	명예욕	경쟁자보다 우위 확신
	호기심	인과관계 확인
	합리성	인과관계 충족
	표현욕	이해(理解)의 추구
생태적 욕망	공격성	먹이나 적에 대한 공격
	도피	위험이나 포식자에 대비
	영역보존	독점적 공간 확보
생식적 욕망	성욕	생식
	모성애	새끼 및 약자 보호
	과장	과장된 표현
생존적 욕구	식욕	물질 섭취
	수면욕	수면(에너지 회복)
	게으름	에너지 절약
	편함 추구	불편함 회피, 최적 상태 유지

학습자에게 충분한 잠재력이 있음을 일깨워 주고 개발할 수 있도록 돕는 것이 바로 코치의 역할이며, 코칭의 효과이다. 그런데 이 때 코치는 굳건한 믿음을 기초로 할 수 있다는 확신을 이끌어 낼 수 있어야 한다. 단순히 '하면 돼', '넌 할 수 있잖아.'하는 것은 별 영향력 없는 말이 될 수 있다. 학습자에게 충분한 잠재력이 있음을 알게 해 주고 이를 개발할 수 있도록 돕는 코치의 역량이 요구된다. 또 그 학습자에게 적용되는 적절한 사례를 가지고 절차를 밟아, 효과적인 도구와 기술을 가지고 지원하는 시스템도 필요하다. 그러기 위해서 코치는 인격적인 신뢰를 받을 뿐 아니라 그 분야에 전문적인 능력이 있어서 그 자질을 의심케 하지 말아야 한다. 또 프로다운 코치기술로 전략적인 신뢰도 받아야 한다. 그렇게 되면 학습자에게 믿음을 주는 요소들이 모여 확신 수준에 이르게 된다.

3) 시스템 메이커가 되라

우리나라 사람들에게 '방 청소는 어떻게 해야 할까'라고 묻는다면 그 답은 어떨까? 아마도 구체적인 계획 없이 대략적으로 '하루에 한 번' 또는 단순하게 '청소기 먼저 돌리고 물걸레로 닦기' 등의 두리뭉실한 대답이 나올 것 같다. 그런데 서양인들의 사고방식에 대어보면 '방 청소하기'는 앞의 예처럼 대답을 먼저 하기보다는 아마도 다음과 같은 질문이 먼저 올 것이다.

"왜 해야 하는데?"
"누가 할 건데?"
"언제 해야 하는데?"

> 학습자에게 충분한 잠재력이 있음을 일깨워 주고 개발할 수 있도록 돕는 것이 바로 코치의 역할이며, 코칭의 효과이다. 그런데 이 때 코치는 굳건한 믿음을 기초로 할 수 있다는 확신을 이끌어 낼 수 있어야 한다.

학습코칭의 가장 큰 가치는 자기주도적 학습 태도를 개발할 수 있다는 것이다. 간단히 코칭의 필요를 인식하고 그 필요에 따른 난이도를 조절하여 원하는 결과는 얻는 것으로 설명할 수 있다. 전략이 우수할수록 결과가 잘 나오게 되고, 코치가 없을 때도 시스템이 알아서 잘 돌아가게 된다.

"어떻게 할 건데?"

"어디를 해야 해?"

"예산은 얼마나 있어?"

왜냐하면 그것이 그들의 사고방식이기 때문이다. 그리고 그들은 청소에 대한 전략을 세워 문제를 풀어나갈 것이다. 이런 점은 학습코칭의 개념과 일맥상통한다. 학습코칭의 가장 큰 가치는 자기주도적 학습 태도를 개발할 수 있다는 것이다. 간단히 코칭의 필요를 인식하고 그 필요에 따른 난이도를 조절하여 원하는 결과는 얻는 것으로 설명할 수 있다. 전략이 우수할수록 결과가 잘 나오게 되고, 코치가 없을 때도 시스템이 알아서 잘 돌아가게 된다.

다시 청소문제로 돌아가 보자. 서양식 사고에서는 먼저 요구를 분석해야 할 것이다. 즉 전체 내용을 파악해야 한다. 내가 청소에 대한 전략을 짜야 한다면 왜 해야 하는지를 먼저 알아야 한다. 영어 학습에서 요구분석은 학습 동기와 같은 맥락이다.

다음으로 목표의 설정이다. 청소의 목표가 다른 사람에게 보여주기 위한 과시용인지, 가족들의 건강을 고려하여 청결을 유지하도록 할 것인지를 결정하는 것이다. 영어 학습에서라면 원어민들이 하는 말을 잘 들을 수 있는 듣기를 목적으로 할 것인지 아니면 읽기, 쓰기, 말하기 중 어느 영역의 실력을 올리고 싶은지 정해 보는 것이다.

세 번째는 목표에 따른 구성이다. 내부를 청소할 것인지, 외부를 청소할 것인지를 정한다. 청소의 목적을 청결로 정했다면 집 안 내부를 어떻게 청소할 것인지 구체적인 방법을 계획할 것이다. 만약 과시용이라면 외부 인테리어 계획을 세우지 않을까? 영어 학습에서 내가 원하는 핵심 영역을 듣기로 정했다면 구체적으로 어떤 수준을 원하는지 계획 한다.

마지막으로 전략을 분석해야 한다. 구체적인 청소를 어떻게 실행할 것인가에 대한 문제이다. 가족들이 하루 날을 잡아 다 같이 할 것인지, 돈을 들여 아르바이트생을 쓸 것인지 아니면 전문가의 손길로 할 것인지에 대해 구체적 방법을 세운다. 그리고 그것을 시작하는 날과 예상 종료일을 정한다.

왜 이런 시스템을 만들어야 하는가? 미리 준비해야 하기 때문이다. 그렇지 않으면 내가 필요한 때에 원하는 자재나 재료가 없을 수 있다. 또 설계도에 따라 차이가 난다. 자세한 계획일수록 들어가는 비용, 필요한 인원 등을 고려하기 때문에 시간이 지남에 따라 계속적인 수정이 이루어져서 이것이 성공적인 청소의 승패를 좌우하게 된다. 그리고 그것이 합리적인 결과를 낼 수 있도록 돕는다.

영어식 사고와 결합한 학습코칭도 이런 시스템을 적용해 실행해 가는 것이다. 즉 근본적인 물음에서 시작해 다음으로 하나씩 차근차근 답변해 나가면서 나의 영어학습이라는 문제를 해결하게 된다. 이러한 시스템에서라면 성공할 수밖에 없다.

4) 영어 환경을 만들라(미디어 코칭)

아무리 좋은 시스템이라도 그것에 영향을 주는 요소는 매우 많다. 그 요소는 환경, 문화, 교육, 부모, 스승의 영향이다. 어린 학습자일수록 부모의 영향이 매우 크다. 아무리 노련한 코치와 계약을 맺고 학습

을 코칭한다고 해도 학습자를 둘러싼 중요한 환경인 부모가 도움이 되
는 태도를 가지고 있지 않다면 학습코칭은 절대 성공할 수 없게 된다.
부모가 어떤 가치를 가지고 있는지 파악해야 한다. 정직과 사랑으로
가르치는지, 지시적으로 학습자를 대하는지에 따라 다른 전략을 세운
다. 또 대화하는 방법은 정책적인지, 서로 합의를 이끄는 방법으로 하
는지, 감성적인지 파악해야 한다. 부모의 학습 패턴이나 분위기도 감
지하여 사전에 부모와의 합의하고 동의를 이끌어내야 성공할 수 있다.

그러면 성인학습자에게 중요한 영향을 끼치는 요소는 무엇일까? 바
로 환경이다. 이 환경은 경영환경, 인적환경, 생활환경, 학습환경으로
나뉜다.

경영환경은 학습자를 둘러싼 사람 중 코칭에 영향을 미치는 사람이
있는지에 대한 것이다. 큰 영향력을 끼치는 사람이 학습자에게 긍정적
피드백을 주면 괜찮지만 부정적 영향력을 끼친다면 코칭을 보류해야
한다.

인적환경은 동료환경, 부모환경, 코치환경으로 구분된다. 학습자
주변 동료들은 추진형인지, 모범형인지, 배려형인지에 따라 다르다.
특히 학습자간 동료코칭을 할 때는 주변 동료들의 유형에 따라 학습코
칭의 성패가 좌우된다. 앞에서 본 것처럼, 서로 믿는 관계에서 'Give
& Take'로 긍정적 영향력을 주고받는 게 가장 이상적이다. 또 부모의
가치관과 지원가능성도 학습자의 코칭에 영향을 준다. 코치환경은 학
습자의 코치가 인재양성의 비전을 가지고 적절한 코칭 기술이 있으며,
잘 지원할 수 있는지에 따라 달라진다는 의미이다. 이럴 때 코칭을 잘
할 수 있는 코치를 선정하는 것이 중요해진다.

생활환경은 가정환경, 학생의 경우 학교환경 그리고 사회환경으로 나뉜다. 가정환경은 특히 선조의 영향이 매우 큰데, 그 가정의 가훈이나 가치가 어떻게 설정되어 있는지, 선조 중에 영향력을 끼칠만한 유명인사가 있는지 여부가 코칭에 영향을 미칠 수 있다. 또 학습자가 속해 있는 커뮤니니가 어떤 핵심 가치를 공유하는지도 중요하다. 특히 영어학습자에겐 가족 중에 영어를 잘하는 사람이 있는 것도 도움이 되고, 영어에 대한 감수성이 풍부한 공동체에 속해 있는 것도 좋다.

요즘에는 무료로 제공하는 다양한 영어 관련 사이트나 동영상 자료들이 무궁무진하다. 실시간으로 영어학습 비법이 올라오고 흥미진진한 각종 영어 자료들이 봇물처럼 쏟아지고 있다. 영화나 미드, 영드도 아주 좋은 자료다. 그 미디어들을 꾸준히 보다 보면 다음 이야기가 궁금해져서, 또는 출연하는 배우를 좋아하게 되어 계속 보고 싶어진다.

유튜브 영어학습이나 동영상 강의도 좋다. 대부분 영어권 문화를 접목하고 실생활에 쓰이는 내용이 많아 쉽고 재미있다. 또한 상황을 설정하여 한 번에 짧게 몇 마디를 배우는 동영상으로 구성하기 때문에 부담감이 없다. 짬을 내어 잠시 힐링하는 느낌으로 조금만 시간을 투자하면 되기 때문에 공부를 한다는 느낌보다는 그저 즐길 수 있다. 그리고 그 내용을 주위 친구들이나 동료에게 공유하면 더 좋다. '미국에는 이런 문화가 있어.' 또는 '거기는 이런 상황에서 이런 표현을 해.'하면서 이야기를 하다 보면 그 표현은 저절로 습득된다. 그냥 보고 들은 내용보다 다른 사람에게 가르친 내용이 훨씬 더 기억에 오래 남기 때문이다. 이것을 여러 동료들에게 말하다 보면 그 횟수가 많아지고 자동으로 반복되어 저절로 익혀진다.

소셜 미디어를 활용하는 방법도 좋다. 인터넷이나 동영상으로 익힌 내용을 페이스북이나 밴드, 카카오톡으로 친구들과 공유하는 것이다. 그러면 팔로워들이 들어와서 댓글을 달게 될 테고 서로 소통하다 보면 자동으로 장기기억이 된다.

학습환경은 학습자의 동기와 그에 따른 과정에 대한 것을 말한다. 목표를 달성시키는 데 최적화되는 조건이다. 누구든지 영어 어휘나 표현에 계속 노출되면 외우지 않아도 저절로 익혀진다. 모국어는 대부분 그렇게 습득된다. 계속적으로 노출되어 전문가들이 말하는 언어습득 시간을 채운다면 우리가 원하는 실력이 곧 나타나게 된다.

이상으로 4가지 형태의 환경에 대해 간단히 살펴보았다. 영어를 잘 하고 싶다면 이런 환경적 요소들을 고려하여 영어를 잘 할 수 있는 환경을 만들자. 위에서 소개한 각종 미디어를 잘 활용한다면 늘 영어에 노출되는 환경을 잘 만들 수 있을 것이다.

4 나, 친구, 선생님과 약속하자

1) 또래 스터디 클럽을 만들어 코칭하라

어느 정도 말하기에 자신감이 붙었다면 우선 친구들과 함께 영어 몇 마디를 나누어 보는 것이 중요하다. 스터디 클럽도 중요한 동기가 될 수 있다. 말하기 연습을 청크로 해 보도록 하자. 소리 내어 읽고 끊고, 소리 내어 읽고 끊고..... 처음에는 어색하겠지만 시간을 두고 쭉 따라 해보는 연습 과정이 필요하다. 만약 지루하다면 다음에는 영어를 더 빨리 발음해 보자. 랩처럼 해도 좋다. 또는 옆의 친구들과 선의의 경쟁을 해도 좋다. 동기코칭, 동료코칭이 될 수 있을 것이다.

교육학자들은 혼자서 학습하는 것보다 다른 사람과의 상호작용을 통해 배우는 것이 훨씬 도움이 되고 유익하다고 하였다. 영어공부도 마찬가지다. 혼자서 공부하는 것도 물론 도움이 될 수도 있다. 하지만 언어는 다른 사람들, 특히 나와 생각과 공감대가 통하는 또래 친구들과 함께 공부한다면 공부가 훨씬 더 재밌고 신날 것이다. 청크를 학습한 후에, 대화문을 만들어서 역할극하거나, 청크 언어 배틀(battle) 같은 활동을 통해 서로 영어로 대화하는 환경 속에서 영어를 자연스럽게 듣고, 말할 수 있다.

지인에게서 들은 아주 오래 전 이야기다. 그가 중학교 3학년 때이니까 지금부터 약 28년 전 얘기다. 그 당시만 하더라도 영어는 중학교에서 처음 시작되었다. 그리고 영어회화를 잘하는 영어선생님은 거의 찾아볼 수가 없었을 때였다. 그런데 그 학교 영어선생님은 영어회화를 아주 잘하는 선생님이었다고 한다. 어느 날, 여학생이 전학을 왔다고 한다. 고만고만한 수준의 학생을 가르치던 선생님은 전학생에게 영어 지문을 일어나서 읽어보라고 하였다. 여학생이 일어나 영어 지문을 읽었는데 학생들이 듣기엔 발음보다는 목소리가 참 듣기 좋았다고 한다. 그런데 영어선생님이 칭찬을 하더란다. 심지어 학생들에게 저 여학생을 본받으라고까지 말씀하셨다.

그리고 하루는 영어시간에 선생님이 숙제를 내주셨는데, 자기가 좋아하는 팝송을 하나 골라서 외워오라는 것이었다고 한다. 학교의 체육대회가 한참인 즈음이라 지인을 비롯한 반 친구들은 그런 숙제가 있었다는 사실조차도 까맣게 잊어버렸다. 어느덧 영어시간, 선생님의 숙

교육학자들은 혼자서 학습하는 것보다 다른 사람과의 상호작용을 통해 배우는 것이 훨씬 도움이 되고 유익하다고 하였다.

제 검사가 시작되었다. "팝송 준비 해 온 사람!" 하는 선생님의 말씀에 그제야 정신이 번쩍 든 학생들은 모두 선생님과 눈을 마주치지 않으려고 전부들 책상에 고개를 숙인 채 눈치만 살피고 있었다. 그 때 누군가 손을 번쩍 들었다. 모두 놀라서 쳐다보니 그 전학생이었다. 학생들이 숙제를 많이 안 해올 때마다 '노처녀 히스테리는 저런 거구나'를 느낄 수 있게 만드는 선생님이어서 다들 긴장하던 차였다. 영어선생님이 반가운 목소리로 "그래 어디 한 번 해봐." 하시자 여학생은 머뭇거리며 시작했지만 그래도 막힘없이 끝까지 외워 불렀다. 여학생의 노래가 끝나자, 학생들은 휘파람을 불며 박수를 쳐 주었다.

영어 선생님도 매우 흡족해하시고 다른 학생들이 숙제 안 해온 것을 넘어가 주셨다. 부끄러워 가만히 앉아있는 여학생에게 영어선생님은 한 시간 내내 칭찬을 아끼지 않으셨다.

사실 그 사건이 일어나기 전에 영어선생님의 귀여움을 받는 사람은 지인이었다고 한다. 그런데 졸지에 여학생 때문에 밀려난 것이다. 전학 온 첫 시간에 그 여학생이 칭찬을 받을 때부터 화가 나, 심술이 생긴 지인은 그 전학생을 모른 척했었다고 한다. 하지만 이쯤 되니 정말 영어를 잘하는 법이 궁금해졌다고 한다. 그래서 여학생에게 너는 어떻게 영어공부를 하느냐고 물었다.

"사실 나 영어 공부하는 거 없어. 전학 와서 나만 찍힐까 봐 한 거야. 외우느라고 정말 힘들었거든. 사실 나 영어 잘하지 못하고 평범해, 그런데 선생님이 저렇게 말씀하시니 영어를 앞으로 안할 수가 없겠네. 부담스럽다. 나 좀 도와줄래?"

졸지에 영어공부를 해야만 했던 여학생은 그 뒤로 지인과 함께 공부했다고 한다. 지인도 여학생이 자꾸 물어보니 더 열심히 수업을 들었고, 배운 것을 외워서 서로 묻고 대답해 주기를 계속했다고 한다.

이렇게 재미를 붙인 지인과 여학생이 매일같이 큰 소리로 읽고 외우기를 계속하니, 채 한 달이 되기 전에 두 사람은 영어 교과서를 모두 암기했다고 한다. 그렇다보니 두 사람은 중학교에서 유명 커플이 되었고 영어시험마다 백점을 맞았으며, 교내 영어 말하기 대회에서는 서로 1, 2등을 다투었다고 한다.

지인과 여학생이 성공한 비결은 무엇일까? 그것은 영어선생님의 칭찬과 기대가 여학생의 자아존중감과 자기효능감에 불을 지폈고, 어학 학습법 중 강력한 방법인 '입으로 외워 서로 말하기'를 친구와 꾸준히 실천하였다. 또 반복되는 목표 성취와 자신감으로 동기가 더욱 강화되고, 동료코칭을 통하여 꾸준히 반복함으로써 같이 성장할 수 있게 된 것이다.

그룹스터디에 대한 긍정적인 결과를 나타내는 연구결과[31]가 있어 소개한다. 이 연구의 큰 비중을 차지했던 활동이 그룹 협동학습이다. 조모임 활동은 수업 상황에서도 부분적으로 이루어졌지만 많은 시간 동안 e-class상에서 이루어졌다. 조모임 활동에 대해 학생들이 학습에 도움이 되었는지, 도움이 되었다면 어떻게 도움이 되었는지 물은 결과 몇몇 학생들을 제외하고 대다수의 학생들이 도움이 되었다고 응답하였다.

지인과 여학생이 성공한 비결은 무엇일까?

---

31) 대학생을 위한 자기주도적 학습전략프로그램의 개발 및 효과, 한순미, 2006

◆ 다른 사람의 다양한 생각을 알 수 있어 좋았다.

◆ 새로운 친구들(주로 다른 과 다른 학년을 지칭함)을 사귀게 되어 좋았다.

◆ 수업 중에 몰랐던 부분이라도 서로 예를 들어봄으로써 더 쉽게 이해할 수 있었다.

◆ 내가 가진 문제에 대해 조원들로부터 피드백을 받게 되어 도움이 많이 되었다.

◆ 내 생각을 친구들의 것과 비교할 수 있었다/ 다각도로 생각을 해볼 수 있었다.

◆ 배우는 데만 그치지 않고 지식을 형성하는 과정이었다. 살아있는 지식을 만들었다.

◆ 실생활에서 서로 예를 찾아봄으로써 기억에 오래 남았다.

◆ 이론적 지식의 실례를 찾아봄으로써 실생활에 적용하기가 쉬웠다.

◆ 모르는 것이 있을 때 도움 받기가 쉬웠다.

◆ 배운 것을 복습할 수 있었다.

◆ 다른 학과 사람들과의 대화라서 더 흥미로웠다.

◆ 내가 미처 생각하지 못한 것과 새로운 정보를 알 수 있었다.

◆ 나의 학습활동을 스스로 들여다 볼 수 있는 계기가 되었다.

◆ 온라인상에서는 조원들이 시간을 쉽게 맞출 수 있어 좋았다.

◆ 여러 사람의 다양한 사례를 통해 어려운 과제라도 쉽게 해결할 수 있었다.

◆ 다양한 예들이 쏟아져 나와 흥미로웠다.

◆ 인터넷상의 조모임을 통해 많은 이야기를 나눌 수 있었다.

◆ 다른 친구들이 제시하는 효과적인 학습방법을 알고 나도 실천해 볼 수 있었다.

모둠을 통해 다른 사람들의 다양한 아이디어를 접할 수 있었던 점을 가장 많이 언급한다. 자신과 다른 생각이나 새로운 문제해결 방식을 알 수 있다는 것은 그 자체만으로도 상당한 학습 효과가 있다. 또 새로운 친구들과의 사귐, 수업 중 이해하지 못한 부분에 대해 도움을 받아 쉽게 이해할 수 있었던 점, 자신의 문제에 대해 피드백을 받은 점, 배운 것을 넘어 새로운 지식을 형성, 실생활에서 예를 찾아봄으로써 기억에 오래 남아 적용하기 쉬웠던 점들이 유익했다고 한다. 그룹 스터디를 통해 자연스럽게 또래와 동료코칭이 일어난 것이다.

이 프로그램은 오프라인의 수업에서의 강의와 온라인상의 e-class를 병행한 방식이었다. 활발한 조모임을 가능하게 했던 e-class상의 온라인 학습 활동에 대해 대다수의 대학생들은 매우 긍정적인 반응을 보였다. 학생들은 오프라인 수업에서 배운 내용을 온라인에서 적용하거나 실제 사례를 찾아 피드백을 주고받으며 과제를 완성했다. 이는 시간과 공간의 제약을 넘어 협동학습으로 이어졌다. 이렇게 학습이 심화되어 또래 학생들과 협동학습을 실행하고, 자기인지를 통해 성찰을 하며, 교사가 없어도 높은 수준의 자기조절능력을 사용하였기 때문에 자기주도적 학습 역량이 강화되었다.

자신과 다른 생각이나 새로운 문제해결 방식을 알 수 있다는 것은 그 자체만으로도 상당한 학습 효과가 있다.

학습이 심화되어 또래 학생들과 협동학습을 실행하고, 자기인지를 통해 성찰을 하며, 교사가 없어도 높은 수준의 자기조절능력을 사용하였기 때문에 자기주도적 학습 역량이 강화되었다.

P교사는 영어를 잘하지 못했지만 이에 굴하지 않고 영어를 사용하는 상황을 찾아다니며, 한 달간 계속적인 시도를 했기 때문이다. 이게 바로 위험을 감수하는 힘이다.

2) 위험을 감수하라.

영어사용에 도전하는 것이 필요하다. 영어권 사람들과 직접 대화를 많이 해 보는 것이다. 원어민이 있는 곳을 주로 찾아서 영어사용에 도전하는 사람들의 영어실력은 빠르게 성장한다.

해외연수 코디네이터 경험이 있는 저자가 캐나다 밴쿠버의 SFU[32]에 갔을 때 일이다. 전국에서 모인 38명의 초등교사들 중에서 유독 한 사람이 눈에 띠었다. P교사는 시간이 날 때마다 원어민 교수님이나 주변 도우미들에게 말을 걸었다. 그런데 곁에서 들어보니 그가 사용하는 언어는 매우 단순했다. 몇 개의 문장이나 단어를 다양한 용도로 사용하고 있었다. 만났을 때 하는 가벼운 인사나 '이게 뭐냐'는 물음에도 'Hello'를 사용했다. 원어민들이 무언가를 물으면 대답은 본인이 알거나 모르거나 무조건 'Okay'였다. 그러다 잘 알아듣지 못하거나 이해되지 않으면, 무조건 껴안으며 'I love you'라고 했다. 사전 OPIC 역량평가 결과를 살펴보니 그의 성적은 매우 낮은 단계였다. 그런데 한 달 후 놀라운 반전이 일어났다. 프로그램 중 제일 마지막에는 연수생들이 직접 'Micro teaching'이라는 수업발표를 한다. 그런데 그가 성공적으로 교수진의 마음을 흡족하게 하고 마쳤던 것이다. 그는 처음에 비해 영어표현이 매우 유창하였고 여유가 있었다. P교사는 영어를 잘하지 못했지만 이에 굴하지 않고 영어를 사용하는 상황을 찾아다니며, 한 달간 계속적인 시도를 했기 때문이다. 이게 바로 위험을 감수하는 힘이다.

---

32) Simon Fraser University: 밴쿠버 시내 버너비마운틴에 위치한 대학

도전해 보자. 학교나 학원에서 만날 수 있는 원어민선생님도 괜찮다. 이때는 동료코칭 'Give and Take'의 원칙을 적용해서 내가 한국어를 가르쳐 주고 그 반대로 외국인에게 영어를 가르쳐 주는 것도 괜찮다. 아직 준비가 안 되었다는 헛소리는 집어치워야 한다. 우선순위를 영어에 두고 실행에 옮겨라. 이런저런 변명거리는 타당한 이유가 되지 않는다.

생각해 보라. 누구에게나 똑같은 24시간이 주어진다. 그러나 알베르트 아인슈타인, 세종대왕, 빌게이츠가 그 시대에 이룬 성과는 다른 수많은 사람들이 이룬 성과보다 훨씬 대단하다. P교사나 영어능력이 상대적으로 좋았던 다른 교사들이나 캐나다에서 한 달이라는 같은 시간이 주어졌다. 그런데 그 시간을 효과적으로, 몸으로 부딪혀 실행에 옮긴 사람이 마지막에 웃었다.

그래도 아직 위험 감수하기가 꺼려지는 사람은 혼자만의 영어 학습을 통해 내공을 더 쌓아 보라. 혼자서 두 가지 역할을 모두 하면서 연습해도 좋다. 처음에는 어색하고 부담스럽지만, 이렇게 계속적인 연습과 말하기로 영어의 음율을 타다보면 어느 새 영어에 흥미가 붙고 재미있어진다.

3) 선생님에게 요청하라

앞의 두 단계를 실행하고 있다면, 학교나 학원에서 영어를 가르치는 선생님께 청크를 이용해서 영어실력을 더 향상시킬 수 있는 활동을 하는 효과코칭을 요청해 보자. 추천할만한 활동은 '청크로 이야기 만들기'이다. 자기가 배운 청크를 활용하여 학생들은 모둠별, 짝별, 또는 창의적으로 만든 모둠이나 짝에게 적당한 보상을 하는 것도 좋다. 지나친 경쟁이 아닌, 선의의 경쟁이 될 수 있도록 서로 약속을 정해보자.

개인별로 자신만의 독특하고 창의적인 이야기를 만드는 것이다. 이 때 영어를 많이 사용하는 것이 권장되는 것이지 무조건 영어를 써야 한다는 것은 아니라는 것이 포인트. 즉, 자신들만의 독창적인 아이디어로 이야기를 만들 때, 모르는 단어나 문장이 나오면 한글로 이야기해도 된다. 대신 한글로 말하는 중간 중간의 적재적소에 배운 청크를 넣어 활용해 보라.

창의직으로 만든 모둠이나 짝에게 적당한 보상을 하는 것도 좋다. 지나친 경쟁이 아닌, 선의의 경쟁이 될 수 있도록 서로 약속을 정해 보자.

영어의 고수가 되려면

영어의 고수가 되려면

Ⅰ │ 청크 수준별 자료 소개

1 기초 청크로 다지는 초등영어(청크 스토리)

초등 교육과정의 기본 회화 표현 180개를 활용한 스토링텔링 기반 청크 교재이다. 그림과 기본 청크 내용을 연계해 이해력과 활용도를 높이는 학습 컨텐츠이다. 청크 가족의 생활을 통해, 일상생활에 쓰는 표현을 그림과 의미단위로 영어로 익히게 구성했다.

1) 청크 일반 가족의 성격

- ◆ 아빠(Dad chunk) : 회사원, 평범한 아빠, 아이들에게 자상하나 삶에 지쳐 평소 피곤함을 느낌

- ◆ 엄마(Mom chunk) : 가정주부, 일반적인 엄마, 가족을 사랑하나 잔소리가 많음

◆ 아들(Chunky) : 사랑스러움, 평소 부끄러워하나, 잘못된 일이나 옳지 않은

　일을 싫어함

◆ 딸(Sis Chunk) : 개구쟁이, 사고를 많이 침, 호기심 많고 밝음

기초 청크 스토리(워크북 형태)는 개발
완료되었으며, 저자가 직접 제공해
드립니다. 아래 저자에게 연락주세요.

■ 정동완 only-jung-dw@daum.net
■ 안혜숙 hanan1023@hanmail.net

2) 청크 슈퍼 가족의 성격

◆ 아빠: 힘이 셈, 쾌활함, 한 손가락으로 차를 들 수 있음, 영웅 심리로 물불 가

　리지 않음.

◆ 엄마: 몸이 유연함, 허리가 꺾이고 목이 돌아가며 팔 다리가 길어짐. 자상하

　고 지혜로움.

◆ 아들: 머리가 좋고, 사람의 마음을 읽음, 공부와 배우는 것을 좋아함. 누나

　랑 항상 싸움.(엄마 아빠의 모든 능력을 갖고 있으나 현재는 능력을 알 수가

없음. 짜증을 내면 벽에 구멍이 남.)

◆ 딸: 몸이 움직이는 속도가 빠름, 개구쟁이, 사고를 많이 침, 호기심 많고 성
격이 밝음.

3) 청크 영어 스토리 목적

교재의 내용을 무의미한 내용을 제시가 아닌, 스토리를 통해 전체 맥락을 이해하고, 그것을 만화라는 친근한 형태와 접목해 이해와 학습 동기를 높이고자 하였다. 초급을 통한 기본 표현 학습 후에 중급은 연극 형태의 학습 형태를 만들어, 발성을 통한 발음과 악센트 교육을 하고, 감정을 넣고, 연기를 통해 살아 있는 영어 학습을 할 수 있게 한다.

4) 제안 학습량

1. 총20과: 각 과마다 9개의 그림 및 활동이 합쳐진 형태
2. 보통 진행: 180개 이미지 청크를 12주(60일) 학습(12주 X 하루 3개 X 5일 = 180개)
3. 빠른 진행: 180개 이미지 청크를 4주 (20일) 학습(4주 X 하루 9개 X 5일 = 180개)
4. 청키 가족의 일상생활 스토리를 배경으로 제작하여, 초급은 표현 익히기 중심으로 구성하고, 중급은 9개 그림을 하나로 모은 만화를 가지고, 대화를 만들고, 연극 준비하는 형태로 4주 (20일) 학습으로 구성.

5) 학습파일 특징

(가) step 1 9컷의 만화(총 20과)를 통해, 내용 전반에 관한 관심
과 맥락을 제공한 후 매일 학습 제공

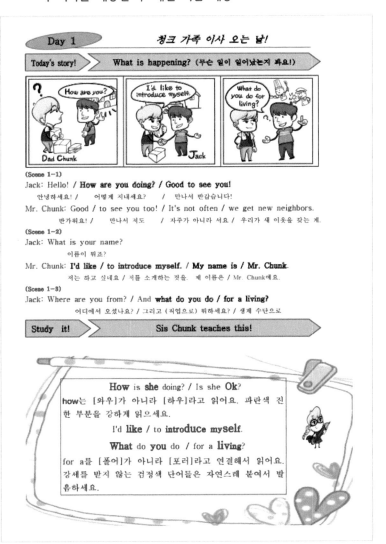

(나) step 2 한과 9개의 그림 중, 한 개씩 익히기 : 그림 보고 내
    용 이해하기

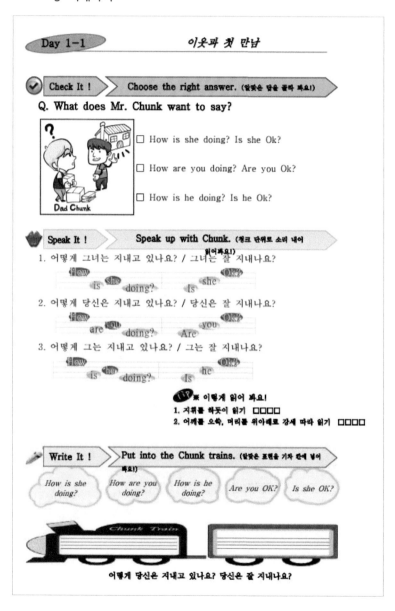

Day 1-1   이웃과 첫 만남

Check It ! ▶ Choose the right answer. (알맞은 답을 골라 봐요!)

Q. What does Mr. Chunk want to say?

☐ How is she doing? Is she Ok?

☐ How are you doing? Are you Ok?

☐ How is he doing? Is he Ok?

Dad Chunk

Speak It ! ▶ Speak up with Chunk. (청크 단위로 소리 내어 읽어봐요!)

1. 어떻게 그녀는 지내고 있나요? / 그녀는 잘 지내나요?
   How is she doing?   Is she Ok?

2. 어떻게 당신은 지내고 있나요? / 당신은 잘 지내나요?
   How are you doing?   Are you Ok?

3. 어떻게 그는 지내고 있나요? / 그는 잘 지내나요?
   How is he doing?   Is he Ok?

TIP ※ 이렇게 읽어 봐요!
1. 지휘를 하듯이 읽기 □□□□
2. 어깨를 으쓱, 머리를 위아래로 강세 따라 읽기 □□□□

Write It ! ▶ Put into the Chunk trains. (알맞은 표현을 기차 안에 넣어 봐요!)

How is she   How are you   How is he   Are you OK?   Is she OK?
doing?   doing?   doing?

Chunk Train

어떻게 당신은 지내고 있나요? 당신은 잘 지내나요?

(다) step 3 의미단위 청크 듣고 말하기

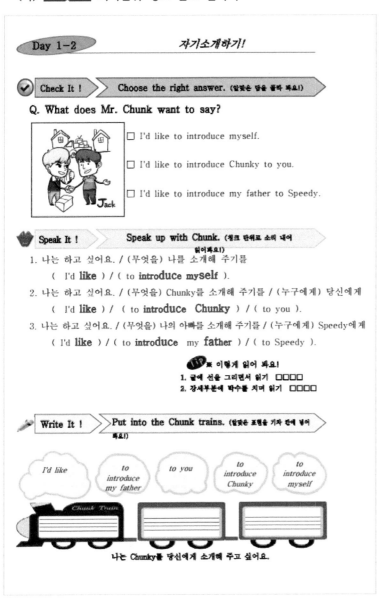

Day 1-2   자기소개하기!

✔ Check It !   Choose the right answer. (알맞은 답을 골라 봐요!)

Q. What does Mr. Chunk want to say?

☐ I'd like to introduce myself.

☐ I'd like to introduce Chunky to you.

☐ I'd like to introduce my father to Speedy.

Speak It !   Speak up with Chunk. (청크 단위로 소리 내어 읽어봐요!)

1. 나는 하고 싶어요. / (무엇을) 나를 소개해 주기를

(I'd like) / (to introduce myself).

2. 나는 하고 싶어요. / (무엇을) Chunky를 소개해 주기를 / (누구에게) 당신에게

(I'd like) / (to introduce Chunky) / (to you).

3. 나는 하고 싶어요. / (무엇을) 나의 아빠를 소개해 주기를 / (누구에게) Speedy에게

(I'd like) / (to introduce my father) / (to Speedy).

Tip ※ 이렇게 읽어 봐요!

1. 글에 선을 그리면서 읽기 ☐☐☐☐

2. 강세부분에 박수를 치며 읽기 ☐☐☐☐

Write It !   Put into the Chunk trains. (알맞은 표현을 기차 안에 넣어 봐요!)

I'd like   to introduce my father   to you   to introduce Chunky   to introduce myself

Chunk Train

나는 Chunky를 당신에게 소개해 주고 싶어요.

(라) step 4 의미 단위 청크 쓰기 활동

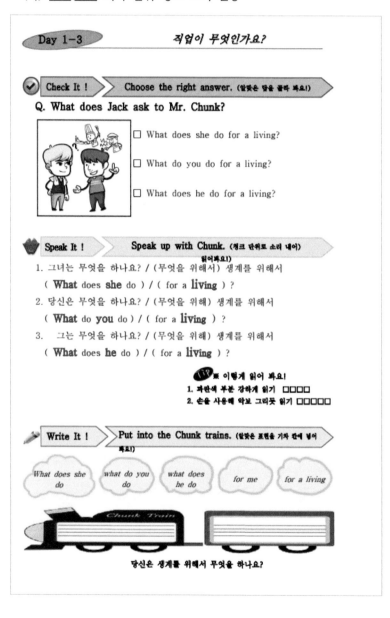

Day 1-3   직업이 무엇인가요?

Check It ! → **Choose the right answer.** (알맞은 답을 골라 봐요!)

Q. What does Jack ask to Mr. Chunk?

☐ What does she do for a living?

☐ What do you do for a living?

☐ What does he do for a living?

Speak It ! → **Speak up with Chunk.** (청크 단위로 소리 내어)
읽어봐요!)

1. 그녀는 무엇을 하나요? / (무엇을 위해서) 생계를 위해서
(What does she do) / (for a living) ?

2. 당신은 무엇을 하나요? / (무엇을 위해) 생계를 위해서
(What do you do) / (for a living) ?

3.   그는 무엇을 하나요? / (무엇을 위해) 생계를 위해서
(What does he do) / (for a living) ?

TIP ※ 이렇게 읽어 봐요!
1. 파란색 부분 강하게 읽기 ☐☐☐☐
2. 손을 사용해 악보 그리듯 읽기 ☐☐☐☐☐

Write It ! → **Put into the Chunk trains.** (알맞은 표현을 기차 칸에 넣어
봐요!)

What does she do | what do you do | what does he do | for me | for a living

Chunk Train

당신은 생계를 위해서 무엇을 하나요?

(마) **step 5** 3일치 학습량 복습 및 익히기 과정

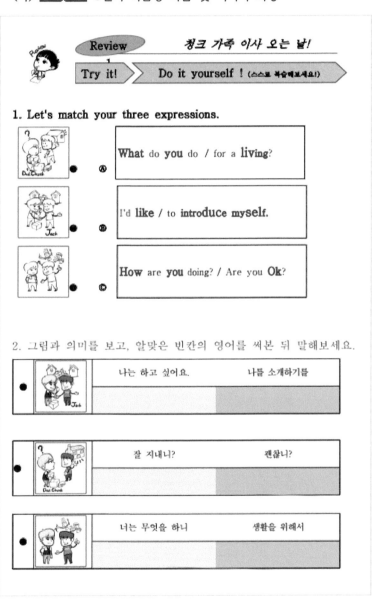

Review　　　청크 가족 이사 오는 날!

Try it!　　**Do it yourself !** (스스로 복습해보세요!)

1. Let's match your three expressions.

What do **you** do / for a **living**?　Ⓐ

I'd **like** / to **introduce myself**.　Ⓑ

How are **you** doing? / Are you **Ok**?　Ⓒ

2. 그림과 의미를 보고, 알맞은 빈칸의 영어를 써본 뒤 말해보세요.

나는 하고 싶어요.　　나를 소개하기를

잘 지내니?　　펜찮니?

너는 무엇을 하니　　생활을 위해서

2 중고등학교 지문이면 회화가 가능 비트 중고등영어(아임 in 청크)

사람in 신간 핫이슈

2011-10-05 10:25 데일리노컷뉴스 박종규 기자 청도▣   f Share ✔ tweet ◎ ⓒ 📧 🔗 ➡

› 강남주부들이 일산으로 몰려가는 이유는?   › ★1년안에 4년제학위 딴다?!

도서출판 <u>사람in</u>에서 다양한 <u>영어</u>의 청크(chunk)와 패턴, 일어 회화 등 다양한 어학 신간을 펴냈다.

⊙ '아임 in 청크 리스닝 level 1(정동완 운동주 강현지)'은 '의미 덩어리'라 할 수 있는 청크에 중점을 둔 책이다.

지은이 정동완은 영어<u>교육</u>을 전공하고 카투사로 복무했지만 미군들과 대화를 나누는데 애를 먹었다.

그리고 얼마 후 '영어 단어는 음식 재료와 같고, 영어 문장과 청크 표현은 반찬이나 <u>요리</u>와 같다'는 것을 깨닫는다.

따라서 이 책은 청크 단위로 영어를 듣고 이해해 영어식 사고의 향상을 돕는다.

아임 in 청크 리스닝 Level. 2 (듣기 말하기 평가 대비 청크 훈련서)

★★★★★ 9.33   네티즌리뷰 3건

정동완, 노혜원, 최정민 저   사람in   2011.10.03
페이지 342   ISBN ? 9788960492677
판형 A4, 210×297mm
정가 14,500원

[리뷰쓰기]   [책찜하기]   [◎ 미루하기]

책 정보   네티즌 리뷰

책소개

리스닝 전략과 청크를 알면 영어가 새롭게 보인다!

듣기 말하기 평가 대비 청크 훈련서 『아임 IN 청크 리스닝』 제2권. 이 책은 12가지 유형별 맞춤 전략과 3단계 청크 훈련법으로 수능 및 국가영어능력평가 듣기와 말하기 영역을 완벽하게 준비할 수 있도록 구성한 책이다. 교육청 듣기 평가 기출문제들을 유형별로 정리하고, 보편성 가지는 문제들을 엄선, 제공하여 실전에 대비할 수 있도록 하였다. 'PRONUNCIATION' 코너에서는 녹음을 듣고 청크에 해당하는 표현중 발음상 헷갈릴 수 있는 부분을 정확하게 구분하는 훈련을 할 수 있으며, 'CHUNK TRAINING'코너를 통해 대본을 보면서 녹음을 듣고 강세가 느껴지는 부분, 끊어지는 부분을 짚어내는 연습을 할 수 있다. 독자들은 청크 학습법이라는 새로운 영어 학습 방법을 통해 듣기는 물론 말하기 능력까지 향상시킬 수 있을 것이다.

1) 교재 구성

전체적인 구성은 총 12과에 각 과에 6문제씩 총 72문항이다. 이것으로 듣는 방법(전략중심 및 청크 듣기 중심)을 익히고, 그 뒤에 EBS나 일반 교재를 보면서 적용을 하면 된다.

- ◆ 아임 in 청크 리스닝 Level 1.(초등학교 고학년 ~ 중학교)
- ◆ 아임 in 청크 리스닝 Level 2.(중학교 고학년 ~ 고등학교)

2) 교재의 특징

가) 단어 중심 사고에서 의미의 기본 단위인 청크(덩어리)를 익히게 한다.

나) 청크(덩어리)를 반복하여 익힌 후 말하게 함으로써 영어의 맛을 알게 한다.

다) 중고등학교 교육청 듣기 평가 자료를 훈련의 소재로 활용함으로써 영어에 제대로 접근해야 하는 학습자들의 실제 필요성(영어 듣기 성적 향상)을 동시에 얻게 한다.

라) 교육청 듣기 평가 전략을 안내하고 적용하게 함으로써 청크(덩어리) 영어와 함께 시너지 효과를 낸다.

3) 교재 활용 방법 안내

가) 아임 in 청크 리스닝의 스텝(step)에 따라, 진행을 하시면 총 5-6
   번 반복해서 듣게 된다. 최종적으로 내용을 익히고, 마지막 단계
   에 말을 할 수 있게 하는 것이 목적이다.

Tip 모든 과정에 과외나 수업을 하실 때 두 명 씩 배틀(정답 맞추기 게임)형식
으로 진행을 하시면 학생들이 경쟁심을 가지고 집중력 있게 활동을 합니다. 물
론 게임에서 이기는 학생에게 조그마한 상(과자, 도장, 사탕, 점수)을 주어야 합
니다. 처음엔 이런 경쟁이 단순한 재미를 주지만, 학습을 진행함에 따라 영어에
대한 재미와 자신감으로 더욱 적극적으로 학습하는 학생을 보게 되실 거예요.
[교재 활용 카페 daum.cafe.net/gimflsat 청크학습자료에 인터뷰자료로 확인
해보세요.]

나) 스텝 진행별 특징

◆ 스텝1 - 전략 듣기
: 일단 전략에 맞춰 듣기 전, 중, 후를 유념하면 문제를 풀고, 답을 확인.

◆ 스텝2 - 청크 듣기
: 2번째 청크 듣기 단계, 발음(Pronunciation)에 중심을 두고, 듣고 정
   확한 표현을 고르기. 청크 익히기 첫 작업이에요.
: 3번째 청크 듣기 단계, 청크 듣기 연습(Chunk Training)을 통해, 문장
   에 강세가 가는 곳을 집중해 듣고, 끊어 들리는 부분을 인식하게
   함. 청크 익히기 두 번째 작업입니다.

Tip 3단계 청크 듣기는 아마 학생들이 많이 틀릴 것입니다. 이 과정을 집중해서 3~4번 들려주면서 강세를 받는 부분과, 원어민이 호흡을 올렸다 내렸다하는 곳을 의식적으로 인식하다보면 자연스레 청크(의미덩어리)에 대한 '감'이 발달하고, 그 미세한 끊어 말하는 호흡을 듣게 되면서 새로운 영어의 길이 보이게 됩니다.   정답은 <스텝3>의 인토네이션(Intonation)에 파란색과 빨간색(색은 단순히 줄을 나타냄)이 강세어이고, / 가 끊어 읽는 부분으로 확인하게 하면 됩니다.

 ◆ 스텝3 - 청크 말하기

 : 청크 말하기 1단계, 청크 리스트를 듣고, 청크와 의미를 반복해 말
   하며 익힌다.

Tip 청크 리스트에 제시된 것은 대표적인 청크이고, 인토네이션<Intonation>에 제시한 끊어진 단위가 모두 청크라고 인식하시면 됩니다. 단어를 바꿔가며 주어진 청크를 여러 가지로 변형해 말하게 하면서 의미덩어리를 인식하고, 말을 쉽게 할 수 있게 하면 됩니다. '시원영어'나 '정철영어'가 주어진 표현에 단어만 바꿔 가면 말하면서 익히게 하는데 방법이 비슷합니다.

 : 청크 말하기 2단계, 인토네이션(Intonation)을 보면서 듣게 한다. 강
   세와 끊어 읽는 부분이 시각화되면서 머릿속에 인식이 된다. 3－4
   회 크게 읽으며 강세와 끊어 읽기(/) 된 부분을 인식하게 한다.

Tip 이때, 청크 말하기를 여러 차례 해야 하는데 1. 전체가 크게 하기 2. 손을 들고 높고 낮을 때 올렸다 내렸다 하며 몸으로 익히기 3. 짝끼리 대화하면 하게 하기 등을 써서 반복의 지루함을 막아주세요. 그리고 아주 중요한 부분이, 두 번째 말하기 할 때 쯤에 300쪽 뒤의 청크 해석을 보면서, 듣기를 하게 하세요. 각 청크의 의미를 영어식으로 인식하게 하고, 청크와 의미를 결합시키는 작업이 꼭 있어야 합니다.

: 청크 말하기 3단계, 빈칸 채우기(Fill in the Blanks)에 주어진 청크 단
위의 의미에 맞는 표현을 직접 써보거나, 말해보게 하고, 지문을
A, B의 학생이 역할을 나눠 한 문장씩 비워진 것을 보면서 알맞은
표현을 말하게 하면 청크 단위의 말하기를 통해, 영어가 제대로
학습된다. 상황을 조금 바꿔서 적용하게 해도 좋은 활동이 된다.

4) 교재 미리보기

◆ 최소 의미단위 듣기

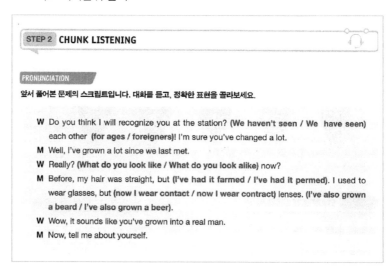

◆ 의미단위 표시하며 듣기

CHUNK TRAINING

다음을 듣고, 강세가 느껴지는 단어에 O 표시하고, 끊어 읽는 부분에 / 표시하세요.

W Do you think / I will recognize you at the station? We haven't seen each other for ages! I'm
    sure you've changed a lot.

M Well, I've grown a lot since we last met.

W Really? What do you look like now?

M Before, my hair was straight, but I've had it permed. I used to wear glasses, but now I
    wear contact lenses. I've also grown a beard.

W Wow, it sounds like you've grown into a real man.

M Now, tell me about yourself.

◆ 의미단위 따라하며 듣기

INTONATION

이번에는 영어의 느낌을 살려서 인토네이션과, 강세(파랑, 분홍 글씨), 끊어 읽기(/ 한 번 호흡)에 유의하여 다섯 번씩
소리 내어 읽어 보세요.

W Do you think / I will recognize you / at the station? We haven't

    seen each other / for ages! I'm sure / you've changed a lot.

M Well, I've grown a lot / since we last met.

W Really? What do you look like now?

M Before, my hair was straight, / but I've had it permed.

    I used to wear glasses, / but now I wear contact lenses.

    I've also grown a beard.

W Wow, it sounds like / you've grown / into a real man.

M Now, tell me about yourself.

◆ 의미단위 표현집

STEP 3 CHUNK SPEAKING

CHUNK LIST

대화문에 등장한 핵심 chunk입니다. 다섯 번씩 소리 내어 읽고 적어 보세요.

	●●●●● ☑☐☐☐☐		●●●●● ☐☐☐☐☐
wear glasses 안경을 쓰다		for ages 오랫동안	
I've grown a beard 나는 수염을 길렀다	☐☐☐☐☐	grow a lot 많이 자라다	☐☐☐☐☐
interested in ~에 흥미가 있는	☐☐☐☐☐	I'm sure 나는 확신한다	☐☐☐☐☐
I used to wear glasses 나는 안경을 끼곤 했다	☐☐☐☐☐	each other 서로	☐☐☐☐☐
What do you look like? 너는 어떻게 생겼니?	☐☐☐☐☐	tell me about yourself 너에 대해서 이야기해줘	☐☐☐☐☐

3 영어동화 원서로 고급영어 따라잡기(클래식 청크)

1) 교재 구성

유명한 동화의 원작으로 구성되어 있다. 먼저 동화의 새로운 단어와 청크 표현을 객관식 문제로 푼다. 단락에서 나누어진 청크의 대략적인 뜻을 알아본 후에 본격적으로 청크별 독해를 한 후 끊어 읽는다. 그 후 연습문제를 통해 다시 우리말을 영어 청크로 바꾸어 보는 활동을 한다.

2) 교재의 특징

가) 우리에게 친숙한 영어동화 원서를 통해 기본 단위인 청크(덩어리)를 익히게 한다.

나) 청크를 덩어리별로 색 계단으로 구분한 비주얼자료를 보고 반
복하여 익힌 후 전체 문장을 읽고 말하게 함으로써 청크 영어도
익히고 동화를 통해 문학적 감수성도 잡는다.

덩어리 → 주어 덩어리

서술어 덩어리

수식어 덩어리

전치사 덩어리

접속사 덩어리

클래식 청크는 개발 완료되었으며,
저자가 직접 제공해드립니다.
아래 저자에게 연락주세요.

- 정동완 only-jung-dw@daum.net
- 안혜숙 hanan1023@hanmail.net

3) 예시자료

The Dog and the Wolf 개와 늑대

A gaunt Wolf was almost dead	몹시 여윈 늑대는 거의 죽을 지경이었다
with hunger	배고파서
when he happened to meet a House—dog	늑대가 우연히 개를 만났을 때
who was passing by.	지나가고 있던
'Ah, Cousin,'	어이 사촌 ,
said the Dog.	라고 개가 말했다
'I knew	나는 알았어
how it would be;	어떻게 된 일인지
your irregular life	너의 불규칙적인 생활이
will soon be the ruin of you.	곧 너를 망칠거야
Why do you not work steadily	왜 너는 꾸준히 일하지 않지
as I do,	내가 하는 것처럼
and get your food regularly given to you?'	그리고 너의 음식을 규칙적으로 얻지 않지?
'I would have no objection,'	나는 반대하지 않는다
said the Wolf,	라고 늑대가 말했다
'if I could only get a place.'	만약 내가 살 장소를 얻는다면
'I will easily arrange that for you,'	나는 널 위해 쉽게 마련해줄게
said the Dog;	라고 개가 말했다
'come with me	나와 함께 가
to my master	나의 주인에게로
and you shall share my work.'	그러면 너는 나의 일을 나눠서 할거야.
So the Wolf and the Dog went	그래서 늑대와 개는 갔다
towards the town together.	마을을 향해 함께
On the way there	그곳으로 가는 도중에
the Wolf noticed	늑대는 알아차렸다

4) 교재 미리보기

The Dog and the Wolf

개와 늑대

A gaunt Wolf was almost dead
with hunger
when he happened to meet a House-dog
who was passing by.

A gaunt Wolf was almost dead with hunger when he happened to meet a House-dog who was passing by.

'Ah, Cousin,'
said the Dog.

'Ah, Cousin,' said the Dog.

✿ 연습하기 ✿

1. 그들은 흥미로운 것을 발견했다.

[주어]	[동사 덩어리]
그들은	흥미로운 것을 발견했다.

2. 그녀는 뭔가 검은 것을 보았다. 모래 위에 누워있는

[주어]	[동사 덩어리]	[수식어]
그녀는	어떤 까만 것을 보았다	모래 위에 누워있는

3. 그녀가 잘못했던 것 같다. 언뜻 보기에는

[주어]	[동사 덩어리]	[수식어]
그녀가	잘못했던 것 같다	언뜻 보기에는

4 수능어법이면 고급영어 가능. 비트 수능 영어(색시한 수능)

1) 교재 구성

최근 대학수학능력시험 영어영역에 출제된 문제 유형의 변형 문제를 수록하고 있다. 수능을 준비하는 수험생들이 각 유형을 반복하여 풀고 연습할 수 있도록 구성된 책이다.

2) 교재의 특징

가) 변형문제의 원리 10가지를 살펴보고 적용해서 수업할 수 있도록 안내한 곳을 꼼꼼히 살펴본다.

나) 각 유형의 변형문제를 문제를 풀고 자신이 어떤 유형에 강하고 약한지 점검할 수 있다.

다) 영어공부법에 대한 자세한 안내를 보고 이해하여 수능 영어공부에 적용할 수 있다.

라) 앞에서 익힌 전략을 바탕으로 각 유형의 연습문제들을 풀어봄으로써 유형 하나하나에 집중훈련할 수 있다.

5 수능지문이면 고급영어 가능. 비트 수능 영어(EBS 수능완성 영어영역)

1) 교재 구성

최근 대학수학능력시험 및 모의평가 영어영역에 출제된 독해문제 유형 전부를 수록하여 수능을 준비하는 수험생들이 각 유형을 점검하고 연습할 수 있도록 구성된 책이다.

2) 교재의 특징

가) 문제를 풀기 전 지문에 포함된 핵심 어휘와 어구를 알고 있는지 체크박스에 표시하고 우리말 뜻을 적어보면서 반드시 알아야 할 수능 어휘를 확인한다.

나) 각 유형을 대표하는 문제를 풀고 자신이 어떤 유형에 강하고 약한지 점검할 수 있다.

다) 문제를 해결하는 3단계 전략을 통해 자신의 기존 문제풀이 전략을 점검 및 보완하고 각 유형의 해결전략을 파악할 수 있다.

라) 앞에서 익힌 해결전략을 바탕으로 각 유형의 연습문제들을 풀어봄으로써 유형 하나하나에 집중훈련할 수 있다.

3) 예시자료

수능영어 독해연습 ❶

   Contemporary artists have presented their views/in lectures, interviews, essays, and a variety of novel formats.// E−mails, text and voice messages,/ and other virtual public forums/ have all but replaced letters and journals.// Many artists have sophisticated websites/ with blogs, chats and,/ nowadays, some social media accounts.// These new possibilities/ allow the audience,/ not just specialists,/ to be informed and to engage/ in meaningful dialogues/ with artists.// But there is a potential problem/ with these exciting electronic platforms.// Unlike tangible documents,/ e−mails and other electronic textual, visual, and audio materials/ may be, and often are, deleted.// Even when they are saved,/ digital media's endurance over time/ is still unknown.// This raises important questions/ about how many contemporary art records /might be available in the future.   ※ tangible 유형의

   현대의 예술가들은 자신들의 견해를 제시해 왔다./ 강의, 인터뷰, 에세이, 그리고 다양한 새로운 형식으로// 이메일, 문자 메시지와 음성 메시지,/ 그리고 다른 인터넷상의 공개 토론장이/ 편지와 일지를 거의 대체해 왔다.// 많은 예술가들은 세련된 웹사이트를 가지고 있다./ 블로그, 채팅,/ 그리고 요즘에는 몇몇 소셜미디어 계정을 가진/ 이런 새로운 가능성이/ 하도록 허락한다 청중들이/ 전문가들만이 아니라/ 정보를 받고 참여하도록/ 의미 있는 대화에/ 예술가들과// 그러나 잠재적인 문제점이 있다./ 이런 재미있는 전자 플랫폼에는// 유형의 문서와 달리,/ 이메일과 다른 전자적 형태의 문자, 시각, 그리고 청각 자료는/ 아마도, 그리고 흔히 삭제된다.// 심지어 그것들이 저장되어 있을 때도,/ 디지털 매체의 내구성은/ 시간이 경과한 이후의 / 아직 알려져 있지 않다.// 이것은 중요한 의문을 제기한다./ 얼마나 많은 현대 예술 기록들이/ 미래에 이용 가능할지에 관한

글의 요지⊃

예술가들이 사용하는 전자 플랫폼의 이점이 있지만 잠재적 문제점이 있다.

어휘와 어구⊃

potential 잠재적인 electronic 전자의 platform 플랫폼(사용 기반이 되는 컴퓨터 시스템이나 소프트웨어) contemporary 현대의, 동시대의 a variety of 다양한 novel 새로운, 신기한 format 형식 virtual 인터넷상의, 가상의 public forum 공개 토론회장, 공청회 all but 거의(= almost) replace 대체하다 journal 일지, 일기 sophisticated 세련된, 정교한 account 계정 specialist 전문가 informed 정보를 갖고 있는 engage in ~에 참여하다 document 문서 material 자료 delete 삭제하다 endurance 내구성, 지구력 raise 제기하다

출처 : 2018학년도 EBS 수능완성 영어

수능영어 독해연습 ❷

Throughout the centuries,/ the idea of natural rights/ has been discussed/ by many thinkers and rulers.// Many civilizations were built/ on the idea/ that slavery was permissible/ and that certain classes of people/ were lower than others.// Therefore, lower classes of people/ did not have the same rights/ as others.// Gradually, societies changed,/ and more human rights were recognized.// In 1215, the Magna Carta was signed in England.// This document put limits/ on the powers of the king/ and stated that individuals have certain rights.// For instance, the Magna Carta stated/ that people are free/ and that no free person can be imprisoned/ unless they are convicted/ in a fair trial.// In generations to come,/ other governments would base their constitutions/ on the ideas set out in the Magna Carta.   ※ Magna Carta(영국의) 대헌장

수 세기에 걸쳐/ 자연권이라는 개념은/ 논의되어 왔다./ 많은 사상가들과 통치자들에 의해// 많은 문명은 만들어졌다/ 개념을 토대로/ 노예제도가 허용되고/ 특정한 계급의 사람들이/ 다른 사람들보다 더 낮다는// 그 결과, 하층 계급 사람들에게는/ 똑같은 권리가 없었다. 다른 사람들처럼/ 점차적으로 사회가 변했고,/ 더 많은 인권이 인정되었다.// 1215년,/ 대헌장이 영국에서 조인되었다.// 이 문서는 제한을 두었다/ 왕의 권한에/ 그리고 명시했다 개인들이 특정한 권리가 있음을// 예를 들어,/ 대헌장은 명시했다/ 사람들이 자유가 있다고/ 자유로운 사람 누구도 감금할 수 없다고/ 유죄 선고를 받지 않으면/ 공정한 재판에서// 이후 세대에서/ 다른 정부들은 자신들의 헌법을 기초에 두려고 한다./ 개념에 기반을 두어/ 대헌장에 기술된//

글의 요지⊃

자연권의 개념 해석과 대헌장에 제시된 개인의 권리

어휘와 어구⊃

ruler 통치자 slavery 노예제도 permissible 허용되는 gradually 점차적으로, 서서히 document 문서, 서류 put a limit on ~에 제한을 두다 state 명시하다, 언명하다 imprison 감금하다, 투옥하다 convict 유죄를 선고하다, 유죄 판결을 내리다 generation 세대 constitution 헌법

참고⊃

Culture Note Magna Carta(대헌장): 1215년에 영국의 귀족들이 당시 국왕인 John 국왕에게 강요하여 서명하게 한 대헌장이다. 영국 국민의 법적 및 정치적 권리 확인서로 이해되며, 흔히 영국 현대법의 기초로 여겨진다.

출처 : 2018학년도 EBS 수능완성 영어

4) 교재 미리보기

---

01 글의 목적

유형 소개

필자가 글을 쓴 의도나 목적을 파악하는 유형으로 지문으로는 편지글, 광고문, 기고문 등이 주로 사용된다. 수능에서 한 문항 정도 출제될 가능성이 있다.

해결 전략

- 글의 도입부에서 중심 소재나 화제를 파악한다.
- 글이 전개되는 과정에서 필자의 의도나 목적을 파악한다.
- 글의 후반부에 제시된 정보를 통해 파악한 필자의 의도나 글의 목적을 다시 확인한다.

Vocabulary Check before you read

이번 강에 나오는 지문의 핵심 어휘와 어구입니다. 알고 있는 것에 체크 표시하고 우리말 뜻을 적어 확인해 봅시다.

☐ feature	❶ _____	
☐ state	❷ _____	
☐ correction	❸ _____	
☐ consultation	❹ _____	
☐ heritage	❺ _____	
☐ ecological	❻ _____	**Answer**
☐ eliminate	❼ _____	① (특별히 포함하다) 특징, 특집
☐ restore	❽ _____	② 쓰다, 진술하다
☐ endangered	❾ _____	③ 정정(수정)한 것
☐ review	❿ _____	④ 상의, 협의
☐ distortion	⑪ _____	⑤ 유산
☐ inspiration	⑫ _____	⑥ 생태계의
☐ laboratory	⑬ _____	⑦ 제거하다
☐ extent	⑭ _____	⑧ 복원하다
☐ specification	⑮ _____	⑨ 멸종 위기에 처한
		⑩ 비평, 논평, 검토
		⑪ 왜곡, 곡해
		⑫ 영감
		⑬ 실험실
		⑭ 규모, 정도
		⑮ 설명서

Let's Check It Out

정답과 해설 2쪽

◎ 다음 글의 목적으로 가장 적절한 것은?   ▸7049-0001

Dear Ms. Palay,

While we appreciate the article you ran about our company, Boonton Bagel Bakers, on your website, we regret that the article featured a major error. Your writer stated that we are a not-for-profit company and that all of our profits go to endangered species organizations. Each of those facts is incorrect. We are neither a not-for-profit nor do our profits go to such organizations. We have no idea where your writer got the idea that either of these facts was true, but we request that you publish a correction to the article on your website as well as change the existing posted article. Thank you for your immediate attention to this issue. We trust that you will make the correction to your website as quickly as possible.

Sincerely,
Peter Brown

① 잘못된 기사의 정정을 요청하려고
② 기자 선발 과정에 대해 문의하려고
③ 홍보 기사 기고 방법을 안내하려고
④ 새로 단장한 웹사이트를 홍보하려고
⑤ 비영리 단체의 위법 행위를 고발하려고

Let's Solve It with Strategies

STEP 1 글의 유형과 글의 중심 소재를 파악한다.
Peter Brown이 Ms. Palay에게 보내는 편지글로, 웹사이트에 실린 기사에 관한 내용을 언급하고 있다.

STEP 2 글의 주된 소재에 대해 필자의 의도나 목적을 파악한다.
필자의 회사에 관한 기사 내용 중 두 가지 사실이 틀렸으므로 이것을 정정할 것을 요청한다는 언급을 통해, 이 글의 목적은 잘못된 기사의 정정을 요청하는 것임을 알 수 있다.

STEP 3 글의 후반부 정보를 통해 필자의 의도나 목적을 다시 확인한다.
가능한 한 빨리 웹사이트를 수정할 것을 믿는다는 후반부의 정보를 통해, 필자가 글을 쓴 목적이 잘못된 기사의 정정 요청임을 다시 한 번 확인할 수 있다.

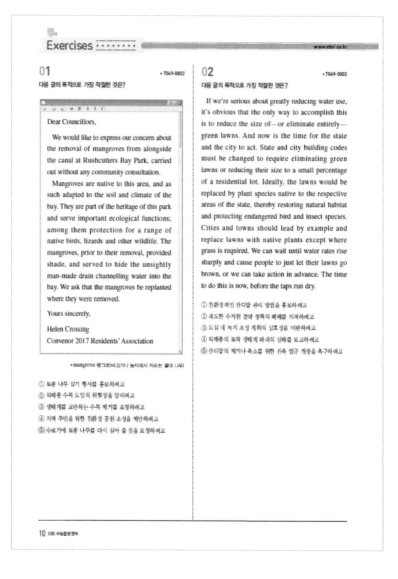

Exercises ········

www.ebsi.co.kr

01

▶7049-0002

다음 글의 목적으로 가장 적절한 것은?

Dear Councillors,

We would like to express our concern about the removal of mangroves from alongside the canal at Rushcutters Bay Park, carried out without any community consultation.

Mangroves are native to this area, and as such adapted to the soil and climate of the bay. They are part of the heritage of this park and serve important ecological functions; among them protection for a range of native birds, lizards and other wildlife. The mangroves, prior to their removal, provided shade, and served to hide the unsightly man-made drain channelling water into the bay. We ask that the mangroves be replanted where they were removed.

Yours sincerely,

Helen Crossing
Convenor 2017 Residents' Association

*mangrove 맹그로브(강가나 늪지에서 자라는 열대 나무)

① 토종 나무 심기 행사를 홍보하려고
② 외래종 수목 도입의 위험성을 알리려고
③ 생태계를 교란하는 수목 제거를 요청하려고
④ 지역 주민을 위한 친환경 공원 조성을 제안하려고
⑤ 수로가에 토종 나무를 다시 심어 줄 것을 요청하려고

02

▶7049-0003

다음 글의 목적으로 가장 적절한 것은?

If we're serious about greatly reducing water use, it's obvious that the only way to accomplish this is to reduce the size of—or eliminate entirely—green lawns. And now is the time for the state and the city to act. State and city building codes must be changed to require eliminating green lawns or reducing their size to a small percentage of a residential lot. Ideally, the lawns would be replaced by plant species native to the respective areas of the state, thereby restoring natural habitat and protecting endangered bird and insect species. Cities and towns should lead by example and replace lawns with native plants except where grass is required. We can wait until water rates rise sharply and cause people to just let their lawns go brown, or we can take action in advance. The time to do this is now, before the taps run dry.

① 친환경적인 잔디밭 관리 방법을 홍보하려고
② 과도한 수자원 절약 정책의 폐해를 지적하려고
③ 도심 내 녹지 조성 계획의 실효성을 비판하려고
④ 외래종의 도착 생태계 파괴의 실태를 보고하려고
⑤ 잔디밭의 제거나 축소를 위한 건축 법규 개정을 촉구하려고

Ⅱ | 청크 앱 소개

1 중, 고급: 청크 영어로 원어민 되기 앱(학습 앱 무료 제공)

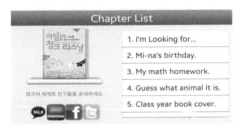

안드로이드 플레이스토어에서
"청크영어"를 검색해 보세요~

본 앱은 청크(의미덩어리) 중급 영어 듣기 & 말하기
학습 앱이에요. 영어를 쉽고 빠르게 느끼고 즐겨보세요!

[학습 순서]

❶ **Listening**(듣고 문제 풀기)

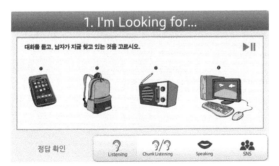

❷ 1. Chunk Listening(손을 써서 영어 높낮이를 몸으로 느끼며 듣기)

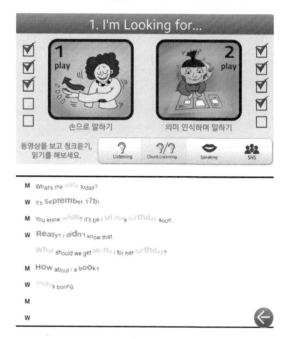

M What's the date today?

W It's September 17th.

M You know what? It'll be / Mi-na's birthday soon.

W Really? I didn't know that.

   What should we get Mi-na / for her birthday?

M How about / a book?

W That's boring.

M

W

❸ 2. Chunk Listening(청크 뜻과 영어를 동시에 인식하기)

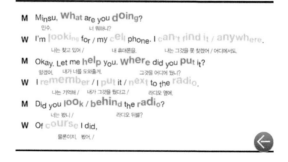

M Minsu, what are you doing?
   민수,   너 뭐하니?

W I'm looking for / my cell phone. I can't find it / anywhere.
   나는 찾고 있어 /   내 휴대폰을.   나는 그것을 못 찾았어 / 어디에서도.

M Okay. Let me help you. Where did you put it?
   알겠어, 내가 너를 도와줄게.   그것을 어디에 뒀니?

W I remember / I put it / next to the radio.
   나는 기억해 / 내가 그것을 뒀다고 / 라디오 옆에.

M Did you look / behind the radio?
   너는 봤니 /   라디오 뒤를?

W Of course I did.
   물론이지. 봤어 /

❹ **Speaking**(지문을 클릭해 한 번 더 듣고, 말하기 녹음 후 공유하기)

2 청크 라이센스, 스텝업 앱(학습 앱 무료 제공)

본 앱은 청크(의미덩어리) 영어 라이센스 따고, 스텝업하는 학습 앱이에요. 청
킹(의미덩어리 읽기)하는 방법을 배워서, 다양한 수준의 원서 읽기로 영어 놀이
에 빠져 봐요!

[학습 순서]

❶ License(청킹 방법 익히기)

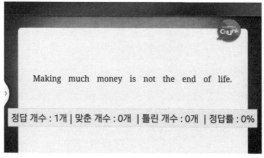

❷ 청크 Step-Up(다양한 원서로 청크 읽기 놀이)

❸ 각 단계 놀이를 통해 포인트 쌓기!

3 청크 속독앱(학습 앱 무료제공)

본 앱은 청크(의미덩어리) 영어 속독 앱이에요. 청크 단위로 영어를 읽음으로서
속독능력을 Up 해봐요! (텍스트를 입력하거나 체크하면 화면에 청크 단위로만
나와서 의미단위로 쉽게 읽도록 지도해 주고, 화면에 나타나는 청크의 속도를
조절할 수도 있어서 본인의 훈련 강도를 선택할 수 있음)

[학습 순서]

❶ 청크 속독(청크 단위로 속독 익히기)

❷ 초급, 중급, 고급, 시험 청크 속독 익히기 및 속도 조절 놀이

❸ 각 단계 놀이를 통해 포인트 쌓기!

4 청크 깜빡이 표현 익히기 앱(학습 앱 무료제공)

본 앱은 청크(의미덩어리) 영어 표현 깜빡이 앱이에요. 청크 단위로 표현을 익혀, 더 효과적인 영어 놀이 준비를 하세요!

[학습 순서]

❶ 깜빡이 청크(청크 단위로 표현 익히기)

❷ 초급, 중급, 고급, 시험 청크 표현 익히기

❸ 각 단계 놀이를 통해 포인트 쌓기!

부 록

이 QR코드를 스캔하면 「사고치면 영어가 된다」의
부록을 열람할 수 있습니다.

색 인

검토단 명단

구대만 (서초OK학원 고등부 대표강사)
김경미 (김해재능교육 영어강사)
김순님 (안정초등학교 교사)
김정아 (군산영어체험센터 파견교사)
김종찬 (부안최강학원 강사)
목진덕 (남강중학교교사)
문주호 (강원교동초등학교 수석교사, 드디어 공부가 되기 시작했다 저자)
박건민 (대구송일초 교사)
박준국 (웰킨에어 대표, (사)한국 개발자창업협회 부회장)
박지웅 (진안안천초 교사)
송은미 (진로코칭 강사)
신미경 (SE교육연구소 소장)
안은숙 (서울미양고등학교 운영위원장)
이영휘 (양주메가스터디 영어강사, 입시컨설턴트)
이정아 (교하중학교 진로교사)
정재석 (고창영어체험학습센터 파견교사)
조병언 (늘푸른자연학교생활교사)
조익중 (회초리 수학/입시전략 연구소 소장)
최시경 (경상사대부고교사)
최현정 (경기도 초등교사 발령대기자)
황대연 (가정의학과 전문의, 옆집아이 성적의 비밀 건강에 있다 저자)

안혜숙

강원 청운초등학교 수석교사. 춘천교육대학교를 졸업하였고 숙명여대대학원, 미국 애너하임 대학교, 캐나다 사이먼 프레이저 대학교, 톰슨 리버스 대학교, 트리니티 웨스턴 대학교 등에서 TESOL과정을 수료하였다. 2010−2017년 교사 해외연수 전문 코디네이터로 삼성크레듀, 삼성멀티캠퍼스와 일했다. 2014년 전국 최연소 영어과 수석교사로 임용되었고, 2017년 영어교육 유공분야 교육부장관상을 수상하기도 하였다. 2016 한국교육과정평가원 검정고시 영어과 출제위원이기도 하였으며, 영어과 관련 평가위원도 겸했다. 영어관련 강의와 컨설팅을 춘천교육대학교, 한국영어교육학회, 외국어교육원 등에서 예비교사, 영어교사와 원어민교사에게 하고 있다. 2018 {초등교사를 위한 행복한 교실 만들기:12가지 Tips}의 공저자이기도 하다.

정동완

전 EBS 파견교사, 현 김해율하고등학교 영어교사. 영어교육학사. 영재교육석사를 거쳐 의미단위 영어로 교육학박사 과정을 수료하였다. 외국어영재교육 강사 7년 경력, 외국어 특목고에서 6년 동안 근무하였다. 교사 및 학생, 학부모대상 영어콘서트 100회(영어영재. 의미단위영어. 수능관련/ 도서관. 시청. 학교. 교육청) 이상 하였으며, 2016−2017년 EBS 영어 대표강사, 입시 대표강사로 활동하였다. 출간한 저서로는 2011 의미단위영어 3권 출간, 2014 의미단위청크앱 8개출시, 교육청모의고사집필. ebs 교재검수, 키출판사 잉글리시버스 수능인강

2012−2017 수능영어교재 25권 출간(색시한 수능영어 시리즈. 듣기. 어휘 구문. 독해. 기출. 어법. 연계. 모의), ebs 수능영어 인기강좌 '구사일생' '영어 한단락', 2016 학종고백(넥서스), 2017 학종혁명(우리교과서), 2017 대입혁명(꿈결), 2017 미래직업(미디어숲), 2017. 절대영어 무조건 오른다(우리교과서), 2018. 중학생활백서, 2018. 대한민국 청소년 건강 하십니까, 공부가 되기 시작했다 등 다수가 있다.

조은주

진해여자고등학교 영어교사. 영어교육 석사(영어 서술형 쓰기평가 관련)학위과정 수료 및 27년 경력의 중등영어교사로 경남 창원시 영어수업 및 과정중심평가 컨설턴트로 활동하고 있다. 진해여고 영자신문을 발간하고 있고 미군과 함께 하는 영어회화 및 미군과 함께 하는 동아리활동을 담당하고 있다. 20년 이상 연극배우로 활동(낮에는 교사, 밤에는 연극배우)하였으며 거창국제연극제 집행위원 및 극단 '입체'배우로, 10년 이상 고등학생 연극지도를 하였다.

이승범

필리핀에 위치한 파운데이션 대학교 MBA과정 교수. 현재는 보통 사람들의 글로벌 프로젝트와 보글리쉬 활동을 위해 휴직중이고 국내에서 활동 중이다. 아시안 퍼시픽대학 교수(태국), LG파워콤, 동부건설, 한국경제조사연구원에서 일하기도 했다. 저서로는 2000 텔레마케팅관리사_시장조사 파트 (영진닷컴), 2005 유통관리사 1급_마케팅 파트 (시대고시기획), 2017 보통사람들의 글로벌 프로젝트_보글리쉬 영어가 있다.

추광재

교육학박사로 한국교원대학교 및 대학교 강사, 상지대학교 및 대학원의 겸임교수로 활동 중이다. 저서로는 교육과정론, 교육과정의 이해, 수업방법의 이론과 실제 등이 있다.

사고치면 영어가 된다 - 어느 날 영어가 되기 시작했다

초판발행	2018년 10월 5일
중판발행	2021년 9월 11일

지은이	안혜숙 · 정동완 · 조은주 · 이승범 · 추광재
감　수	추광재
펴낸이	노　현

편　집	조혜인
기획/마케팅	임재무
표지디자인	권효진
제　작	고철민 · 조영환

펴낸곳	㈜ 피와이메이트
	서울특별시 금천구 가산디지털2로 53, 210호(가산동)
	등록 2014. 2. 12. 제2018-000080호
전　화	02)733-6771
f a x	02)736-4818
e-mail	pys@pybook.co.kr
homepage	www.pybook.co.kr
ISBN	979-11-89005-26-9　03740

copyright©안혜숙 · 정동완 · 조은주 · 이승범 · 추광재, 2018, Printed in Korea

* 파본은 구입한 곳에서 바꿔드립니다. 본서의 무단복제행위를 금합니다.
* 저자와 협의하여 인지첩부를 생략합니다.

정　가　　　15,000원

박영스토리는 박영사와 함께하는 브랜드입니다.